AF453570

ÉMILE RIPERT

Doit-on admettre la Langue de Mistral au Baccalauréat ?

ENQUÊTE ET CONCLUSIONS

EDITIONS DU « FEU »

AIX-EN-PROVENCE

1925

illustrateur de l'aventure,

Très amicalement

[signature]

LE PROVENÇAL AU BACCALAURÉAT

ÉMILE RIPERT

Le Provençal au Baccalauréat

ENQUÊTE ET CONCLUSIONS

EDITIONS DU « FEU »

AIX-EN-PROVENCE

1925

Opinions de MM. Jean AJALBERT, Antoine ALBALAT, Joseph ANGLADE, Adrien ARTAUD, Ch. BAUBY, Louis BERTRAND, Paul BERTHELOT, Jean BONNAFOUS, Paul BOURGET, Henri BRÉMOND, CHARLES BRUN, F. BOURCIEZ, Ferdinand BRUNOT, Albert CAHEN, Marcel CLAVIÉ, L. CLÉDAT, Léon DAUDET, F. Jean DESTHIEUX, André DUMAS, Henri DE FORGE, Ch. FORMENTIN, GENDARME DE BÉVOTTE, Hubert GIRAUD, Victor JEAN, Pierre JALABERT, Jean JAURÈS, Camille JULLIAN, Léon LAFAGE, Gustave LANSON, Fernand LAUDET, Ch. LE GOFFIC, Georges LECOMTE, Xavier DE MAGALLON, MÉRITAN, MAURICE MIGNON, Georges MILLIARDET, Comtesse DE NOAILLES, Pierre DE NOLHAC, Louis PASQUET, Louis PAYEN, Emile PIERRE, Henri POURRAT, Armand PRAVIEL, Ed. RAMOND, Paul SABATIER, Paul SOUCHON, Antoine THOMAS, José VINCENT.

*Au mois de Décembre 1922, tandis que l'on dis-
cutait au Parlement et dans la Presse, la réforme de
l'enseignement secondaire, préconisée par M. Léon
Bérard, alors ministre de l'Instruction Publique, j'ai
adressé à un certain nombre de personnalités littéraires,
politiques et universitaires que leurs origines, leurs études ou leurs fonctions me désignaient comme particulièrement compétentes sur une telle question, le questionnaire suivant, destiné à éclairer l'opinion sur une ano-
malie, pour ne pas dire une injustice, des programmes
du baccalauréat-ès-lettres, qui admettent aux épreuves
orales la plupart des langues connues et en excluent la
langue d'un grand poète de France :*

« *Par décret du* 28 *Décembre* 1918 (« Journal
Officiel » *du* 3 *Janvier* 1919), *M. le Ministre de
l'Instruction Publique a autorisé les candidats au baccalauréat de l'enseignement secondaire à présenter aux
épreuves orales de cet examen (concurremment avec les
langues allemande, anglaise, italienne, espagnole, russe
et arabe, autorisées pour les épreuves écrites), les langues grecque moderne, portugaise, roumaine, danoise,
norvégienne, suédoise, polonaise, tchèque, serbo-croate,
arménienne, persane, chinoise, annamite et japonaise.*

« *Au moment où l'on se préoccupe de réformer les*

programmes d'enseignement, ne pensez-vous pas que l'on pourrait ajouter à cette liste la langue provençale, telle qu'elle a été fixée par les travaux lexicologiques et grammaticaux en même temps qu'illustrée par les œuvres des « Félibres » et en particulier du grand poète Frédéric Mistral ?

« Ne verriez-vous pas dans l'étude de cette langue, si elle était enseignée au moins dans les lycées et collèges du Midi, un auxiliaire utile de l'enseignement du français et du latin ? Estimez-vous équitable de refuser à de jeunes Français un droit accordé à tous les peuples dont la langue a une valeur littéraire ?

« En conséquence, jugez-vous qu'il faille accorder ou refuser aux candidats au baccalauréat le droit de présenter la langue provençale aux examens écrits ou oraux, spécialement devant les Facultés où son enseignement peut être aisément contrôlé par des professeurs compétents, titulaires de chaires ou de cours de langues romanes ou de langue provençale (Aix-Marseille, Bordeaux, Lyon, Montpellier, Nancy, Paris, Toulouse) ? »

Ce questionnaire n'a pas été adressé aux personnalités littéraires qui appartiennent au Félibrige et dont l'opinion était tout naturellement favorable à une telle proposition. En procédant de la sorte, il eût été facile d'accumuler les déclarations et les arguments à l'honneur de la langue mistralienne.

Une telle façon d'opérer, si, du premier coup, par

l'abondance des textes recueillis, elle eût pu frapper les yeux et l'esprit, eût été beaucoup moins significative que cette consultation impartiale. Ce qui la rend plus impartiale encore en son principe qu'elle n'en a l'air d'après ses résultats, c'est que ce questionnaire a été adressé à certaines personnalités, dont les noms ne figurent pas dans cette enquête, parce qu'elles n'ont pas cru devoir y répondre pour des raisons qu'il ne m'appartient pas d'apprécier, mais où il est facile de deviner assez souvent le désir de ne pas répondre affirmativement et la crainte de répondre négativement; attitude qui est la conséquence d'une défiance instinctive envers une nouveauté qui peut paraître dangereuse, sans que cette défiance puisse s'appuyer sur des raisons faciles à mettre au clair, en bonne prose française.

Quoiqu'il en soit, pour laisser à cette consultation l'allure vivante qu'elle a revêtue pendant plusieurs mois de polémiques, je vais d'abord donner ici les réponses que j'ai recueillies dans « LA RENAISSANCE POLITIQUE, LITTÉRAIRE, ARTISTIQUE », revue dont le Directeur Henry Lapauze — qu'il en soit ici remercié — a largement ouvert les colonnes à cette enquête, ainsi qu'à mes conclusions primitives dont je reproduis également le texte.

J'ajoute à ce premier groupe de documents les réponses recueillies depuis auprès de diverses personnalités, les principaux articles de journaux, où l'idée que j'exposais a été commentée et la liste des publications qui s'y sont intéressées ; enfin je rassemble les divers éléments du problème dans une dernière conclusion.

Puisse cette étude, conduite de façon aussi sérieuse que possible, aboutir au résultat souhaité de faire enfin admettre les textes de Mistral entre ceux des poètes français et des poètes latins, à la double beauté desquels ils participent, parmi les textes admis aux examens du baccalauréat, sanction des études classiques.

I

Réponse des Hommes de Lettres

M. JEAN AJALBERT

De l'Académie Goncourt

Tout à fait d'accord avec vous pour l'étude du provençal, qui devrait être enseigné en même temps que le latin, au moins dans toute la France méridionale.

M. ANTOINE ALBALAT

Il me semble difficile qu'on puisse autoriser des candidats à présenter, comme langue vivante européenne, notre belle langue provençale, sans les autoriser aussi à présenter le breton, le basque, le limousin, etc... Pour l'enseignement du provençal, c'est autre chose. Il peut être très profitable dans les lycées et collèges du Midi et utile même pour la connaissance du français. Il serait surtout excellent et nécessaire d'enseigner l'histoire de la Provence, les histoires locales, l'archéologie de la Provence, en même temps que *l'histoire de la langue provençale*. Au fond, il faudrait bien savoir en quoi consiste la vraie langue provençale? Est-elle à Avignon, ou dans le Var, ou dans le Languedoc ? La langue de *Mireille* n'est pas une langue fixée pour le Var. Alors?...

M. LOUIS BERTRAND

Je m'associe de tout cœur à votre généreuse initiative.

Il me semble que la langue provençale doit avoir sa place dans les programmes universitaires, immédiatement après le français.

M. CHARLES-BRUN

Agrégé de l'Université,

Délégué de la Fédération régionaliste française

Voilà bientôt vingt-six ans que je soutenais, au Congrès des Sociétés savantes, avec le regretté frère Savinien, la thèse de l'enseignement du français par les dialectes locaux. Ne me demandez pas de me déjuger en vieillissant. Aujourd'hui comme alors, j'estime que, en dehors de toute considération morale, l'erreur est lourde d'interdire l'école au langage du foyer. On n'apprendra bien le français aux enfants qu'en utilisant leur parler maternel. C'est lui qui permettra, dans le primaire, l'exercice si utile de la version, le développement de la faculté d'observation enfantine (le dialecte est riche en termes techniques, désigne par un nom particulier les variétés de plantes, d'animaux, d'outils, etc.) ; c'est lui qui, en beaucoup de cas, renseignera sur l'orthographe d'un mot et son étymologie. D'excellents pédagogues commencent enfin à se rendre compte de cette vérité élémentaire, mais je ne me dissimule pas que je dépasse le cadre de votre enquête; et, en effet, suivant les régions, c'est le breton, le flamand, l'alsacien, comme le provençal, que je voudrais voir entrer à l'école.

Vous restreignez votre consultation à l'étude du provençal et à l'enseignement secondaire. A vrai dire, en lisant la liste des langues admises au baccalauréat et en y voyant figurer le serbo-croate et l'arménien, par exemple, on ne comprend pas très bien pourquoi le provençal n'y figurerait pas aussi. Vous avez trop évidemment raison. Le provençal, en Provence. A moins que vous n'employiez le mot « provençal » dans le sens étendu de « langue d'oc ». Nul plus que moi ne vénère le grand Mistral et n'admire son œuvre. Mais (est-ce un bien ? est-ce un mal ? d'autres en décideront), il n'a nullement réussi, malgré son génie, à unifier la langue sur tout le territoire du Midi français. Du reste le provençal rhodanien a contre lui, pédagogiquement, de n'être pas le plus pur de nos dialectes, de ne pas marquer le nombre (Mistral hésita : la première leçon de la *Mort du Moissonneur*, parue dans le recueil de J. Gaut, en 1854, avait encore l's du pluriel), de supprimer l'r de l'infinitif, etc... Ne chicanons pas. Il y a, hors de Provence, de grands félibres et de grandes œuvres que le renom universel de Mistral ne doit pas nous cacher. Comme à sa belle époque la langue grecque, notre langue d'Oc a ses dialectes, dont chacun possède des qualités paticulières et une littérature. Je ne vois pas trop Roumanille ou Aubanel expliqués à Tulle ou à Toulouse. C'est Michel Camelat, Palay et Philadelphe que doit étudier le petit Gascon ; l'abbé Roux, le petit Limousin ; Fourès, Perbosc, Estieu, Langlade, le petit lycéen du Languedoc. Les titulaires de chaires de langues romanes, qui seront chargés d'examiner nos candidats, ne seront nullement embarrassés par la solution que je propose. Et, d'autre part, quelles admirables leçons ne fourniront pas aux élèves ces poètes et ces prosateurs de leur cru, nourris du terroir, qui ont épuré le vulgaire « patois » et l'ont élevé à la dignité d'une langue littéraire ! Quel crime de négliger cette descendante directe du latin sur notre sol, de priver les lycéens de la communion avec le génie de la race et du lieu !

J'en dirais tout autant du breton, en ce qui touche ce dernier point. Les Celtes ont, comme les Latins, leur génie propre. Mais j'ai conscience de sortir du sujet, et je me demande même si je n'en suis pas déjà sorti.

M. ANDRÉ DUMAS

Président de la Société des Poètes français

S'il reste entendu, mon cher confrère, qu'il n'est pas d'études classiques sans l'enseignement du latin et du grec, — et le latin peut-être est seul indispensable, — j'aime autant voir de petit Français et surtout de jeunes Méridionaux étudier la langue chantante des troubadours que l'arménien, le tchèque ou l'annamite, dont les beautés, je l'avoue, me sont peu familières. La littérature provençale, il est vrai, n'est même pas vieille d'un siècle, mais sa première effloraison fut d'une richesse merveilleuse. Mistral, Aubanel, Roumanille et plusieurs autres sont des poètes de renaissance. Mistral n'est pas seulement un de nos grands poètes, c'est notre seul poète épique. Disons plus : par la noblesse de son inspiration, la pureté de sa forme, sa connaissance du cœur humain, par la vérité, la simplicité, le caractère éternel des sentiments qu'il met en œuvre, il est un de nos grands poètes classiques. Et pour le lycéen qui fait ses *humanités*, l'étude de *Mireille* et de *Calendal* peut valoir celle de l'*Enéide*. D'ailleurs nous aurions tout à gagner au développement de la poésie régionaliste. Que les candidats d'Aix, Marseille et Montpellier connaissent nos chefs-d'œuvre provençaux ! Que ceux de Rennes et de Nantes étudient les *gwers* héroïques et les *sônes* suaves, où revit l'âme poétique des vieilles légendes !

M. PIERRE JALABERT

Je suis d'autant plus de votre avis, au sujet de votre enquête, que j'écrivais, dans ma *Chronique des Lettres Occitanes* du *Monde Nouveau* (1er décembre 1922) les lignes suivantes :

« ... Mais, oui, disons-le franchement : à cette heure, les Prosper Estieu, les Antonin Perbosc, les Joseph d'Arbaud, les Marius André, les Simin Palay, les Albert Arnavielle, les Camélat et les Baroncelli — pour ne citer que quelques noms, — sont les égaux, par le talent, d'une comtesse de Noailles, d'un Henri de Régnier, d'un Pierre de Nolhac, d'un Edmond Haraucourt. Et leur gloire pourtant n'a pas franchi la Loire : *ils sont ignorés à Paris à cause de cet ostracisme qu'à l'égard des dialectes d'oc professent les Pouvoirs publics.*

« On traduira dans les lycées des œuvres d'auteurs d'Allemagne et des poètes italiens et des écrivains espagnols ; mais on interdira *Mireille*, on dédaignera Aubanel, *Lou got occitan* de Perbosc, le *Laurier d'Arles*, de d'Arbaud, qui les valent bien, Seigneur Dieu ! C'est là une atroce injustice; voire une lamentable erreur; que d'art et de beauté l'on perd !... Et pourtant, ces poètes-là, de notre sang, de notre race, *ces parents pauvres de chez nous*, sont plus près de notre cerveau, plus en contact avec notre âme, tout ce qui est le génie français, que des écrivains allemands, espagnols et même italiens. C'est d'une éclatante logique ! Mais comment entr'ouvrir les yeux de ceux qui *politiquement*, sont des aveugles obstinés ? Un pays peut être bilingue (Belgique, Suisse, etc.). C'est une force à son actif, c'est une richesse de plus. On n'a jamais trop de moyens. »

Et je citais à ce sujet dans ma précédente chronique — car c'est un fait trop peu connu — les inestimables services qu'avaient rendus pendant la guerre notre langue si méprisée : que de fois le Boche aux écoutes surprit, grâce à ses microphones, les ordres *transmis en français*, ordres de relève ou d'assaut... Et il en faisait son profit ! Voyez d'ici les conséquences... Eh ! bien grâce à la *langue d'Oc*, dans les régiments méridionaux, tous les ordres au téléphone se transmettaient en *provençal*, nous évitions l'espionnage. Que de vies ainsi épargnées ! c'était une *force* de plus et ce fut pour la langue d'Oc comme un nouveau titre de gloire...

M. LÉON LAFAGE

Qu'on enseigne le provençal dans les lycées et collèges du pays d'Oc, que la *Comtesse* soit rétablie dans ses honneurs et dignités.

Une telle mesure a pour elle, en même temps que l'équité, d'éminents avantages pédagogiques. Il est notable que la prose de certains « primaires » grâce à l'usage de nos dialectes d'outre-Loire, rend un véritable son « d'humanités ». Aux fervents du provençal, le nombre et l'accentuation du latin révèleront une part vivante de leur secret.

La langue mistralienne a le génie du mot propre et pittoresque : chaque chose, du spirituel au physique, y trouve son image et son nom. C'est une éducatrice. Qui peut acquérir dès la jeunesse ce besoin et ce moyen de désignation précise, de classement nominatif — de clarté — possède un sûr instrument de logique et d'action.

La fréquentation du provençal peut encore rendre au Français des richesses qu'il a sacrifiées ou perdues. Au XVIIIe siècle, l'abbé Sabatié déplorait l'appauvrissement de notre langue par l'abandon des mots occitans. Refroidissement, coup de brunissoir.

Récupérons du soleil. Je songe à ces griffes de bronze qui scellaient les blocs des thermes et des cirques et que les Barbares arrachèrent. Les murs, dorés de lumière et d'histoire, sont éternels, mais on voit les trous.

M. FERNAND LAUDET

De l'Institut

Je suis très peu qualifié pour participer à l'enquête à

laquelle vous voulez bien me convier, et je ne vous envoie ma réponse qu'à titre amical.

Pour parler avec précision, il faudrait que je fusse initié à la langue provençale.

Est-elle assez fixée, si l'on peut dire, pour être enseignée et surtout pour être apprise comme il convient par beaucoup de candidats dignes du Félibrige : voilà la question.

Si vous croyez que son étude puisse être pratiquement, je veux dire classiquement, abordée par des élèves des lycées et collèges de notre Midi, je suis tout à fait d'accord avec vous et j'estime qu'au moins pour les épreuves orales, il y a grand intérêt, il y a même justice à mettre le provençal sur le même rang que le serbo-croate ou l'annamite.

Vous avez du reste très bien posé la question en souhaitant que le *provençal* soit l'auxiliaire du *latin* et du *français*. Ces deux vieux amis sont à l'heure présente un peu malades ; tout ce qui peut les secourir doit être encouragé.

M. CHARLES LE GOFFIC

ancien Président de la Société des Gens de Lettres

Certes oui, qu'on ajoute le provençal à la liste des langues que le décret du 28 décembre 1918 autorise les candidats au baccalauréat de l'enseignement secondaire à présenter aux épreuves orales de cet examen : ils ne peuvent que gagner à s'initier à la langue et à la pensée du divin Mistral. Mais que ce ne soit pas le provençal seulement qui bénéficie de cette mesure de faveur : étendons-la à la langue celtique. Sans quoi l'on pourrait nous taxer à juste titre (et vous comme nous) d'impiété filiale, puisqu'il y a eu un temps, où cette langue de nos pères fut parlée par tout l'Occident, Provence comprise, que Mistral lui-même dans une lettre qu'il voulut bien m'écrire et que j'ai publiée dans l'*Ame bretonne* signait : « F. Mistral de la *Gallia braccata*, Gaule narbonnaise où nos pêcheurs ont toujours porté *li gran braio* », et qu'enfin la dernière objection à l'enseignement du celtique est tombée depuis la publication du beau livre de Georges Dottin sur la *Langue gauloise*.

Il y a vingt-cinq ans, on ne connaissait à peu près rien de cette langue. Ses titres de noblesse dormaient insoupçonnés, dans nos noms de lieux et nos cryptes funéraires. D'Arbois de Jubainville, Gaidoz, Loth, Dicklett, Ernault, Dottin, d'autres les y ont retrouvés — en partie — et ils viennent d'être admirablement exposés par Camille Jullian dans son introduction au livre du savant doyen de la Faculté des Lettres de Rennes.

Pour toutes ces raisons, je demande que le celtique jouisse du même privilège que le provençal.

M. GEORGES LECOMTE

Président de la Société des Gens de Lettres

Oui, en toute justice, dans l'intérêt des lettres françaises, pour assurer l'harmonieuse et complète formation intellectuelle des jeunes Méridionaux et pour contribuer à maintenir vivante, dans son caractère et son charme, l'âme d'une région glorieuse, si particulière, malgré son ardente communion avec l'âme nationale.

Nous le souhaitons aussi par respect pour la mémoire de Frédéric Mistral, passionnément attaché à la grande patrie, que son amour pour sa petite patrie lui rendait plus chère encore, l'illustre mainteneur des traditions, des mœurs de son pays natal et d'une langue à laquelle ses chefs-d'œuvre créent de nouveaux titres à l'immortalité.

Mme LA COMTESSE DE NOAILLES

Veuillez dire, je vous prie, combien l'admission du provençal au baccalauréat me semblerait une heureuse idée. Mistral, depuis bien longtemps est glorifié et commenté dans les Universités allemandes, alors que chez nous, son œuvre de génie ne rencontre trop souvent que du dédain.

M. PIERRE DE NOLHAC

de l'Académie Française

Je n'ai pas eu le loisir d'étudier, comme je l'aurais voulu, la question du provençal aux examens universitaires. Si vous la soumettez aux élèves de Gaston Paris, il y aura peut-être quelques réserves à la proposition vers laquelle vous penchez. Si vous interrogez les poètes, ils se prononceront unanimement en faveur de la langue de Mistral et de toutes les mesures officielles qui en pourrraient accroître l'honneur. Ce sont toujours les poètes, qui finissent par avoir raison.

M. LOUIS PAYEN

Mais certainement, je ne vois pas du tout pourquoi la langue provençale, illustrée par Mistral, ne serait pas inscrite au programme des épreuves orales du baccalauréat de l'enseignement secondaire, aussi bien que l'arménienne ou la chinoise et enseignée dans les Facultés méridionales.

Il conviendrait d'ailleurs d'en faire autant pour le breton et le catalan qui ont aussi leurs lettres de noblesse.

M. HENRI POURRAT

Que l'on pourrait ajouter, etc. ? Ne va-t-on pas vous répondre qu'on le devrait ?

Mais vous parlez, très justement, de la langue provençale et non de la langue d'Oc. Eh bien! ailleurs qu'à Aix-Marseille ne réclame-t-on pas pour le gascon, puis pour le limousin, puis pour l'auvergnat ?

De bonne foi voudra-t-on dire que le provençal est une langue vivante, d'intérêt pratique ? Où irait-il bien que le français n'y puisse aller ? On ne ferait pas avec lui le tour de la Provence. Avec le français on peut faire le tour de la planète. D'ailleurs il suffit de constater que les annonces des journaux félibréens sont rédigées en « franchimand ».

J'entends : il y a Mistral. Mais si le latin c'était simplement Virgile ? A-t-on pensé de façon importante en dialecte d'Oc ?

De plus, — et voilà le grand point, — de combien de lycéens le provençal est-il réellement la langue maternelle, celle seule qu'ils ont parlée d'abord ?

Le persan, le serbo-croate, l'arménien, peuvent maintenant être présentés aux épreuves orales ? La mesure a dû être prise, disons pour parler vite, par souci d'expansion française. Ce même souci permet-il de la prendre en faveur du provençal ? Je ne le pense pas.

Mais il est très vrai que pour mieux lier, articuler

l'étude des humanités et en faire véritablement l'éducation des âmes, la langue romane devait trouver place au programme entre le latin et le français. J'ai peine à imaginer un bachelier ignorant la *Chanson de Roland* et *Calendal*.

M. ARMAND PRAVIEL

Vous avez parfaitement raison d'attirer l'attention sur l'ostracisme qui frappe encore notre langue d'Oc.

C'est un comble que, dans les Facultés où cette langue est enseignée officiellement, on ne puisse pas la présenter au baccalauréat ! Alors que signifie la création des chaires d'Aix, Bordeaux, Toulouse, Montpellier, Lyon, Nancy, Paris ? On nage en plein illogisme, cet illogisme qui a fait que, vous et moi, élevés dans les lycées et collèges du Midi, nous avons été conviés à goûter les mérites d'Ecouchard-Lebrun, voire d'Eugène Manuel, et que nous n'avons jamais entendu nos maîtres prononcer le nom de Mistral.

Il est temps que cela finisse. D'ailleurs les derniers débats de la Chambre semblent l'annoncer.

M. PAUL SOUCHON

Certes, il faut accorder aux candidats bacheliers le droit de présenter la langue provençale aux examens écrits ou oraux. Cette langue a produit des chefs-d'œuvre, qui ne doivent plus être ignorés de personne.

Il faudrait même aller plus loin, à mon sens ; incorporer enfin dans la littérature française, la littérature provençale, qui en est la face dorée et azurée.

Parlant à la tribune de la Chambre des manuels scolaires de littérature, M. Xavier de Magallon s'est étonné qu'aucun d'eux ne tienne compte de Mistral et d'Aubanel. Il a tout à fait raison. Quand cessera-t-on de prendre le provençal pour une langue étrangère ? C'est le frère du français.

M. JOSÉ VINCENT

1° Je ne connaîtrais pas la magnifique, la persévérante inertie des Pouvoirs publics, dès qu'il s'agit non pas d'octroyer, mais de restituer les libertés, que votre questionnaire me ferait l'effet d'une énorme galéjade. On ne répond pas, sans avoir un peu honte qu'on ait cependant dû la poser, à la question de savoir si dans les programmes scolaires le provençal a quelque droit de figurer à côté du persan, du chinois, du tchèque et du serbo-croate parmi les matières d'enseignement.

Villemain autrefois l'a dit avec raison : « La France est assez grande pour avoir deux littératures ». Et tout Méridional, selon le vœu mistralien, doit être bilingue. La question de l'enseignement du provençal dans les lycées et collèges ne devrait plus se poser. Elle devrait être depuis longtemps résolue.

2° A coup sûr, l'enseignement des parlers d'Oc est le plus utile auxiliaire de l'enseignement du français et du latin. Bréal l'a dit cent fois et le bon Savinien amplement le démontra. On ne devrait pas avoir à y revenir.

3° Il est donc indispensable que, dans le plus bref délai, on accorde aux candidats au baccalauréat le droit de présenter la langue provençale aux épreuves écrites ou orales dudit examen. Ils auront plus d'agrément à expliquer un chant de *Mireille*, du *Rhône* ou telle pièce de la *Mióugrano*, qu'à se présenter, en feuilletant ce cuistre de Lessing, des raisons pour lesquelles ni Corneille, ni Racine, ni Molière, paraît-il, n'ont rien entendu à leur métier.

II

Réponses des Universitaires
et des Hommes politiques

M. JOSEPH ANGLADE

*Professeur de langue et littérature méridionale à la
Faculté des Lettres de Toulouse*

Je suis l'ennemi du baccalauréat, du moins tel qu'il
est constitué actuellement, et surtout tel qu'on le passe
dans les Facultés. C'est un examen d'enseignement secondaire, qui n'aurait jamais dû sortir de son domaine.
Mais je n'ai pas à m'occuper de ce cas tératologique :
prenons le monstre tel qu'il est.

On pourrait ajouter, à l'oral, une interrogation —
facultative — portant sur la langue et la littérature d'Oc

dans les Académies où cet enseignement est représenté : c'est à peu près la formule administrative pour justifier l'admission parmi les matières du baccalauréat, du russe (soviétique ?), de l'arabe (celui de Faïçal ?), du turc, etc., etc.

Seulement, il faudrait bien commencer par le commencement et instituer l'enseignement dont il s'agit dans les lycées et collèges des Académies méridionales. Or, sur ce point, on n'a pas encore fait grand'chose, sauf en Provence. D'abord, il y a des oppositions administratives. Je connais tel collège du Midi — important d'ailleurs — qui n'a pas pu obtenir du recteur l'autorisation d'instituer cet enseignement. Mais je connais un lycée, très important également, auquel le recteur aurait fort volontiers donné cette autorisation, et même de bon cœur, sans l'opposition des « pères de famille ». Oh ! pas une opposition bien méchante, mais de ces oppositions fondées sur des vagues: « A quoi bon ? à quoi ça sert? Le patois, *qu'es acò?* » Il est évident que les pères de famille ignorent tout du passé de leur langue qui a été et qui est redevenue une belle langue littéraire, qu'ils sont déracinés sur leur propre sol et qu'il n'y aura de longtemps rien à faire avec eux. Aussi les bonnes volontés sont rebutées par des obstacles administratifs ou autres.

Il ne faut point renoncer cependant à une idée juste et qui sera bien réalisée un jour. Si jamais un ministre encourage vraiment ce mouvement, inspecteurs généraux..

et inspecteurs primaires, recteurs et inspecteurs d'académies, proviseurs et principaux, se mettront en quatre pour réaliser ses intentions ; car il y a parmi les administrateurs, un certain nombre de bons esprits et d'hommes d'initiative, qui ne sont pas hostiles au mouvement félibréen ; chose curieuse, je crois avoir remarqué que les administrateurs non originaires du Midi sont peut-être plus sympathiques à ce mouvement que les autres. Nul n'est prophète ! Ils comprennent tout ce que les élèves retireraient de beau et de vrai de la lecture des auteurs méridionaux et je puis assurer le ministre, quel qu'il soit, qui nous donnera cette réforme, qu'il y aura plus de plaisir pour l'examinateur à faire expliquer : *Cante uno chato de Prouvènço* que les premiers vers du 2ᵉ chant de l'*Eneide : Infandum, regina, jubes renovare dolorem*, que neuf candidats sur dix ne savent plus traduire.

Je serais donc, et bien volontiers, partisan d'une épreuve orale facultative portant sur la langue et la littérature d'Oc (comme je le serais pour la langue bretonne ou le dialecte alsacien). Cette littérature est assez riche et assez variée, assez belle surtout pour qu'elle ait une vertu éducative et qu'elle contribue à élever les âmes et les cœurs, ce qui est bien une des fins de l'enseignement secondaire. On pourrait admettre le gascon dans l'Académie de Bordeaux, le gascon et le languedocien et le provençal dans celle de Montpellier, le provençal dans l'Académie d'Aix. Pour éviter un peu trop de fantaisie dans le choix des auteurs, le Ministre pourrait, après consultation des Facultés, dresser une liste d'auteurs : il y a de quoi choisir !

En réalité, il faudrait encore mieux que cela : il faudrait admettre, à l'examen écrit, la traduction d'un texte d'ancien provençal. Que n'a-t-on pas dit de la valeur éducative du latin, de la gymnastique intellectuelle qu'il développe, des efforts qu'il impose aux jeunes esprits pour traduire toutes les nuances d'une pensée souvent si différente de la nôtre ! Mais la traduction d'un texte littéraire du moyen âge méridional est aussi un des exercices les plus aptes à affiner les esprits, à développer le sens des nuances, le goût de la précision jointe à l'élégance. Qu'on le demande à ceux qui ont eu à traduire Arnaut Daniel ou Giraut de Borneil ou même Bernart de Ventadour.

On aurait pu tout au moins introduire ces exercices de traduction dans les deux agrégations de langues romanes qui existent : l'agrégation d'italien et l'agrégation d'espagnol.

Mais les programmes de ces agrégations ont été établis,, comme d'ailleurs les programmes de la plupart des agrégations de langues vivantes, à un point de vue plus pédagogique que scientifique. Et peut-être ne pouvait-on pas faire autrement, le concours d'agrégation étant ce qu'il est, mais une épreuve de langue et de littérature provençale ancienne aurait bien complété les programmes de ces agrégations de langues romanes.

Pour en revenir au baccalauréat, je sais bien **toutes** les objections qu'on peut faire à cette admission de la langue et de la littérature d'Oc dans les programmes d'examen.

D'aucuns trouveront que ces études sont trop faciles, d'autres qu'elles prendront trop de temps aux élèves, d'autres estimeront que les élèves ont déjà bien du mal à apprendre le français ou le latin, etc. On n'en finirait pas si on voulait répondre à toutes les objections, qui, en général, marquent surtout la peur des novations et des réformes. La crise du français est due à d'autres causes qu'aux programmes qui sont d'ailleurs trop chargés.

Permettre à de jeunes intelligences d'étudier, au moment où leur esprit s'éveille à la vie, une littérature qui se distingue essentiellement par la recherche du beau et qui éveille en eux tant d'idées élevées et leur permettre d'étudier une langue, qui ne cessera de résonner en leurs oreilles, s'ils ne se déracinent pas, c'est faire une réforme qui ne demande pas un grand effort et c'est donner aux meilleurs élèves de l'enseignement secondaire (car c'est à ceux-là que nous nous adressons), l'occasion de remonter aux sources de la vraie poésie, que ni Virgile qui est trop froid, ni Homère qui est trop difficile, ne leur découvriront. Il serait bien étonnant qu'il ne se trouvât pas un jour un ministre pour faire cette réforme. Puissions-nous la saluer bientôt !

M. ADRIEN ARTAUD,
Député des Bouches-du-Rhône

Je suis tout à fait de votre avis et je crois qu'il faudrait accorder aux candidats au baccalauréat le droit de présenter la langue provençale aux examens écrits ou oraux, spécialement devant les Facultés où son enseignement peut être aisément contrôlé par des professeurs compétents, titulaires de chaires ou de cours de langues romanes ou de langue provençale.

M. BOURCIEZ,
Professeur de langue et de littérature
du Sud-Ouest de la France
à la Faculté des Lettres de Bordeaux

J'acquiesce volontiers à l'idée dont vous voulez bien me faire part dans votre lettre du 7 décembre courant. Je trouverais très naturel que la *langue provençale* figurât parmi celles qui sont admises pour les épreuves du baccalauréat, et les raisons que vous en donnez sont topiques. Je crois cependant devoir accompagner mon adhésion de deux observations (qui ne sont pas des objections au principe lui-même) :

1° J'estimerais suffisant que le provençal fût admis

seulement pour l'oral du baccalauréat ; non point aux épreuves écrites, où les candidats doivent, d'après moi, montrer qu'ils connaissent une des grandes langues vivantes parlées en dehors des frontières de la France. Le provençal n'est pas une langue étrangère.

2° Et voici une difficulté d'un autre genre ; c'est qu'en réalité, au Midi de la France, la langue n'est pas une. Excellente pour les futurs bacheliers provenant de Toulon, d'Avignon, de Marseille, voire de Montpellier, votre proposition risque par conséquent de demeurer tout à fait inopérante ou platonique par rapport aux jeunes gens, nés à Pau, à Bordeaux, etc. Si le provençal moderne (sous sa forme rhodanienne) a été illustré par d'incomparables chefs-d'œuvre comme *Mireille*, le *Poème du Rhône*, ou même *Lou Pan déu Pecat*, il ne faut pas oublier d'autre part qu'au Sud-Ouest, et sans avoir à son actif des œuvres de telle envergure, le gascon (spécialement sous sa forme béarnaise) est à coup sûr le mieux conservé, et d'un point de vue strictement linguistique, le plus original, le plus parfait de nos idiomes méridionaux. Serait-il équitable de l'exclure ? N'y aurait-il pas lieu de formuler la proposition d'une façon un peu différente, et plus large ? C'est assez mon avis.

Voilà, monsieur et cher collègue, les remarques que je crois devoir faire, tout en applaudissant à votre initiative et à celle de *La Renaissance.*

M. FERDINAND BRUNOT,
Doyen de la Faculté des Lettres de Paris

Mon avis sur la question est formel. Je m'opposerai de toutes mes forces à votre proposition. L'enseignement des langues vivantes doit avoir pour effet de mettre les jeunes Français en contact avec les civilisations étrangères. Or, le provençal n'est pas, que je sache, une langue étrangère. Je suis de ceux qui admirent profondément les grandes œuvres provençales, mais ce n'est pas là la question.

Aujourd'hui que des projets mortels pour l'avenir de la jeunesse réduisent déjà à presque rien l'enseignement des langues dans les lycées et collèges, vous venez nous proposer de faire porter cet enseignement sur une des langues de la France. Après cela, nos jeunes gens ignoreront tout ce qui se passe dans le monde ou n'en n'auront qu'une connaissance indirecte. N'est-ce pas là aller au rebours de l'évolution mondiale, qui met de plus en plus les peuples en rapport ?

Je ne puis à aucun degré consentir à assurer à nos élèves pareille infériorité dans la lutte pour la vie.

M. ALBERT CAHEN,
Inspecteur général de l'Enseignement secondaire

J'ai pris connaissance avec un vif intérêt de la proposition, sur laquelle vous voulez bien me demander mon sentiment, d'ajouter le provençal à la liste des langues que les candidats au baccalauréat sont maintenant autorisés à présenter aux épreuves orales de cet examen.

Par sa littérature, par les savants travaux dont il a été l'objet — et parmi lesquels les vôtres, permettez-moi de le rappeler, cher monsieur, sont au premier rang, — il me paraît qu'en effet le provençal mériterait d'être proposé à l'étude de ceux de nos grands lycéens du Midi qui, particulièrement laborieux ou bien doués, n'y verraient pas une surcharge, et j'accepterai l'idée de consacrer leur effort par une épreuve facultative, qui pourrait être mentionnée au diplôme du nouveau bachelier.

Mais je ne crois pas qu'on puisse aller plus loin et assimiler la connaissance du provençal, ou de telle autre langue moins riche que lui, mais, comme lui, littéraire et régionale, à celle des langues proprement nationales et effectivement parlées dans les relations commerciales ou intellectuelles des peuples modernes.

Peut-être y a-t-il quelque excès à n'envisager l'étude des langues vivantes dans l'enseignement secondaire qu'en vue de l'usage et nullement de la contribution qu'elle peut apporter à la culture générale de l'esprit; mais il serait plus paradoxal encore, me semble-t-il, de ne la considérer que comme un complément de l'éducation littéraire et un auxiliaire de l'enseignement du français et des langues anciennes : ce ne serait servir, j'en ai peur, ni l'intérêt de nos jeunes gens, ni celui de la France elle-même.

Je **vous exprime** donc le regret de ne pouvoir souscrire entièrement à votre proposition.

M. CLÉDAT,

Professeur honoraire de langue romane à la Faculté des Lettres de l'Université de Lyon

Le provençal est une des langues de France, et il me répugnerait de voir figurer Mistral parmi les auteurs « étrangers » du programme du baccalauréat. Je souhaite, d'ailleurs, comme vous que l'étude du provençal se développe dans les lycées du Midi et dans toutes les Facultés françaises.

M. GENDARME DE BÉVOTTE,

Inspecteur d'Académie à Paris

Il va de soi, tout d'abord, que j'approuve l'enseignement du provençal moderne dans une chaire d'Université, et plus spécialement à Aix : non seulement l'importance littéraire de Mistral et de son groupe, ainsi que l'étude de l'instrument linguistique qu'ils ont forgé ou perfectionné, justifient cette institution, mais j'y vois un élément d'activité intellectuelle régionale de première importance.

Cette étude doit-elle et peut-elle être transportée dans l'enseignement secondaire — car c'est à cela que conduit l'admission du provençal au baccalauréat — c'est une autre question, plus délicate et beaucoup moins simple.

Une première observation me frappe ; elle a un caractère pratique : si l'on a autorisé comme deuxième langue l'arabe, le grec moderne, le tchèque, etc., c'est que ces langues ont une valeur actuelle d'échange, une valeur commerciale, quoi qu'on dise. Il n'en est pas de même du provençal qui, en dehors d'une région très limitée, n'est parlé par personne et qui — chose plus grave — dans cette région même n'est en réalité plus parlé et compris que par une petite élite intellectuelle. J'entends le provençal littéraire, provençal d'ailleurs quelque peu artificiel et arbitraire. Quant au provençal encore en usage chez nos paysans et artisans, ce n'est plus guère qu'un patois informe et corrompu ,ou plutôt une série de patois qui varient d'Arles à Aix, d'Aix à Toulon, de Toulon à Cannes. Ces patois se meurent d'ailleurs et je remarque que les jeunes générations mettent une sorte de coquetterie à ne plus s'en servir. Regrettable ou non, c'est un fait.

Ce n'est donc qu'à titre purement exceptionnel que vous trouverez dans nos lycées des élèves disposés à apprendre une langue, qui pratiquement ne leur servira pas et qui est dédaignée par la majorité de la population. Comment trouver des éléments suffisants pour constituer un cours ? Et où trouverez-vous des professeurs ? En dehors de quelques maîtres, exceptionnellement rares et qui se sont consacrés à l'enseignement supérieur, je me demande s'il existe en France un seul professeur d'enseignement secondaire connaissant assez bien la littérature, la langue, la grammaire provençales modernes pour l'apprendre à des élèves de lycées.

Voilà pour le côté pratique de la question. Il en est un autre : l'enseignement d'une langue vivante doit avoir aussi une valeur éducative. A cet égard je crois que l'étude du provençal littéraire pourrait servir à l'étude du français, tout autant, sinon plus, que l'italien et l'espagnol. Cette utilité linguistique me semble indéniable. Par contre, je me demande si en dehors de celle de Mistral, l'œuvre des écrivains provençaux du XIX° siècle est assez abondante, assez riche pour fournir une matière d'enseignement aux jeunes gens de nos lycées et collèges. Ne tournerait-on pas dans un cercle insuffisamment large et n'en reviendrait-on pas toujours à *Mireille*, aux *Iles d'or*, à un petit nombre de poèmes ?

Que valent ces observations ? Vous en jugerez mieux que moi. Je suis quelque peu profane en la matière, encore que j'aie parlé le provençal dès ma plus tendre enfance et que je l'aie balbutié en même temps que le français.

M. HUBERT GIRAUD

Député des Bouches-du-Rhône

La réponse à votre question doit être sans hésitation affirmative. Je ne conçois pas, du moment où il est fait dans nos Universités, des cours de langue provençale, que l'enseignement ainsi donné ne fasse pas l'objet d'épreuves permettant de se rendre compte du profit qui en a été tiré. Ceci est un argument de simple logique. Il n'en manque pas d'autres d'ordre pratique.

La langue provençale (car il s'agit bien d'une langue) avec ses déformations locales qui constituent des dialectes, est, en réalité, la langue de tous les pays qui limitent au Nord la Méditerranée Occidentale. Je constatais l'autre jour le fait suivant : des ouvriers italiens venant du Piémont pour travailler chez nous à la terre, se trouvent en présence d'un fermier français. Entre eux, pas d'interprète. Le fermier leur parle français : impossible de se faire comprendre. — Il emploie le provençal : immédiatement Français et Italiens se comprennent. Il en eût été de même s'il se fût agi de Catalans.

Je m'en voudrais de m'étendre sur un sujet aussi riche en points de vue divers, mais aussi simple dans sa conclusion.

Je suis, je le répète, absolument d'avis que la langue provençale devrait être comprise dans le programme des épreuves orales du baccalauréat.

M. VICTOR JEAN,

Député des Bouches-du-Rhône

Vous me demandez si je fais accueil à votre proposition tendant à admettre la langue provençale au rang d'autres langues pratiquées dans des pays lointains, bien lointains, parmi les matières à option pour les candidats au baccalauréat.

Certes, je fais un accueil enthousiaste à une telle proposition.

Tout ce qui doit tendre à consacrer et à répandre la langue magnifique de Frédéric Mistral a par avance l'adhésion des fils de la terre d'Arles. Je suis issu de cette terre.

Dans ma jeunesse, j'ai vécu trop éloigné de mon pays natal. La langue provençale ne me fut jamais enseignée sur les bancs du collège, et ses échos ne me sont venus aux oreilles que pendant les vacances, au travers de la campagne arlésienne. Et cette ignorance est l'un des plus grands regrets de ma vie. Puissent mes enfants mieux connaître que leur père la langue issue de la terre provençale ! Et mon vœu se réalisera grâce aux efforts et à la propagande de bons Provençaux comme vous.

M. CAMILLE JULLIAN,
de l'Académie Française
Professeur au Collège de France

Non, vraiment, cette pétition peut être dangereuse : les langues visées sont des langues étrangères. Si vous dites : « provençal », d'autres diront basque, béarnais, celtique, flamand, alsacien. Notre enseignement perdra son caractère français. Et de ce qu'on a fait, je crois, une imprudence, il ne faudrait pas en conclure qu'on doive l'étendre. Ne m'en veuillez pas... et peut-être, au fond de votre pensée, êtes-vous d'accord avec moi. Ce que je veux pour le provençal, ce n'est pas l'ânonnement du bachot par des jeunes élèves d'Auriol ou de Maussane, mais l'enseignement de haute envergure scientifique et esthétique, comme je sais qu'est le vôtre.

M. GUSTAVE LANSON,
Directeur de l'Ecole Normale Supérieure

A première vue, il y a dans la littérature provençale du Moyen Age et de la seconde moitié du XIX⁰ siècle, des valeurs littéraires qu'on ne peut contester et qui rendent difficile l'exclusion pure et simple du provençal.

Toutefois, pour des raisons faciles à comprendre, je tiendrais à ne l'accepter que comme seconde langue, à l'oral.

Ce pourrait être un moyen de préparer le recrutement d'une catégorie d'érudits, qui n'est pas assez représentée chez nous, alors qu'elle l'est si richement en Allemagne et ailleurs. Et, joint à l'italien et l'espagnol comme premières langues, cela ferait une belle culture romane.

Du moins il me le semble : je suis si peu compétent.

Ce serait aux hommes comme vous à nous dire si le provençal littéraire est suffisamment fixé en son vocabulaire ou sa syntaxe pour être l'objet d'enseignement au lycée.

Bien entendu, la langue provençale ne serait admise que devant les Facultés, où il y a un enseignement organisé, car il ne pourrait être présenté que par des élèves ayant suivi des cours réguliers dans un établissement public ou libre.

Il ne faudrait pas admettre à l'examen tout Méridional qui saurait le patois de son village.

M. XAVIER DE MAGALLON,

Député de l'Hérault

Ainsi que je l'ai dit à la tribune de la Chambre, il y a en réalité deux langues françaises : celle d'oïl et celle d'oc, Racine et Mistral.

Pour ce motif il m'en coûte un peu de paraître ranger le provençal parmi les langues étrangères. Mais ce qui importe ici, ce sont les résultats. L'étude du provençal, rien de plus propre à affiner la sensibilité et la raison, et à maintenir la verdeur du style français. En outre, la mesure proposée augmenterait l'action du parler provençal et par conséquent sa vitalité. Elle aiderait à la diffusion de ce miel incomparable de sagesse et d'amour. Elle étendrait les jeunes esprits sans les dépayser. Elle leur apporterait une nourriture délicieuse, la passion du sol et du ciel natal, des sentiments et des rythmes exquis. Je l'approuve entièrement.

M. GEORGES MILLIARDET

Professeur de langue et littérature romanes à la Faculté
des Lettres de l'Université de Montpellier

Entendre pendant un quart d'heure d'horloge un candidat au baccalaurétat ânonner sur quatre lignes de Macaulay ou de Lessing, passe encore ! « Il faut savoir s'ennuyer » a dit Renan.

Mais infliger à un examinateur, éminent félibre, voire poète, comme vous êtes, l'audition d'une strophe de *Mireille* expliquée en mot à mot, avec l'analyse des verbes et commentaire littéraire ou soi-disant tel, n'est-ce pas à vous faire frémir d'avance ?

Laissons la plante délicate « la blanche fleur de nos landes salées » pousser où la nature l'a fait naître. Ne

traînons pas la muse mistralienne sur les bancs du supplice ; croyez-en le maître lui-même :

Car cantan que pèr vautre, o pastre e gènt di mas.

M. LOUIS PASQUET,

Sénateur des Bouches-du-Rhône

Je suis pleinement persuadé que la langue et la littérature provençales ont droit à l'enseignement et, comme
Président du Conseil Général des Bouches-du-Rhône,
j'ai eu l'occasion de faire voter à cet enseignement les
subventions nécessaires. Les avantages, et aussi les difficultés, d'un tel enseignement, vous les connaissez mieux
que moi, et la question que vous posez n'est pas exacte-
ment celle de savoir si le provençal doit être enseigné,
mais s'il a droit aux honneurs du baccalauréat.

Posée de la sorte, et sous une forme aussi modérée,
il me semble que la question ne fait pas de doute et ne
devrait pas rencontrer une seule opposition : comment
supposer, en effet, que l'Etat français se montre plus li-
béral pour un Arabe ou un Annamite que pour un citoyen français d'origine provençale et désirant présenter
sa vieille langue devant un jury compétent ? Cette satisfaction ne peut lui être refusée, sans que l'on perpétue
une injustice qui met les Français du Midi à un rang in-
férieur à celui des indigènes de nos colonies.

Je suis donc de tout cœur avec vous dans cette légitime revendication de droits incontestables.

M. PAUL SABATIER,

Professeur à la Faculté des Lettres de Strasbourg

Votre initiative en faveur du provençal a toutes mes sympathies. Ne serait-il pas bon, pour commencer, de ne pas trop demander et de se contenter des Universités vraiment méridionales ?

Le décret de décembre 1918 s'est mis à un point de vue d'utilité pratique (pendant la guerre) qu'on ne peut attribuer à notre langue provençale. Par ailleurs, elle en a beaucoup plus que ces langues, du moins pour nous, Français.

Notre ignorance des langues vivantes a eu, pendant la guerre, quelque chose de douloureux, et, j'ose le dire, de honteux, lorsqu'on voyait par exemple les prisonniers allemands sachant presque tous, peu ou bien, s'expliquer en français, tandis que les nôtres, en Allemagne, ne faisaient pas le moindre effort pour comprendre ce qu'on disait autour d'eux. Souvent on leur demandait des leçons de français ; jamais ils ne songeaient à en demander d'allemand. Beaucoup de nos agents diplomatiques ignorent la langue des pays où ils sont censés représenter la France.

Nous n'en serions pas là si, dès l'école primaire, au lieu de pourchasser le provençal, le basque ou le breton comme des dialectes enfantins, qu'il est honteux de parler, tout en faisant une place au français, on eût laissé à ces langues secondaires celle qui doit légitimement leur revenir, parce que l'histoire la leur a faite.

Savoir s'exprimer en deux langues, en français et en provençal ou en alsacien, n'est pas seulement un enrichissement du cœur et de l'intelligence, puisque certaines impressions s'expriment bien mieux dans ces langues secondaires, mais c'est aussi une sorte d'initiation inconsciente, mais infiniment précieuse à la vie des mots et des langues.

Le jeune homme qui, à côté du français, a appris intelligemment le provençal, est tout prêt à apprendre, en se jouant en quelque sorte, non seulement toutes les langues vivantes issues du latin, mais le grec moderne. L'alsacien est une clef non moins efficace pour le flamand, le hollandais, les langues scandinaves, etc...

On a beaucoup parlé, et avec raison, de l'importance des langues secondaires comme facteur social, par exemple, pour mettre un frein à l'exode des campagnes. Ce remède à lui seul, hélas ! ne suffirait pas. Il faut prendre garde aux exagérations. Des gens naïfs prônent l'usage exclusif du provençal, du breton ou de l'alsacien, dans l'espoir de faire de ces langues une sorte de chaîne : dès que les habitants de certaines provinces sortiraient de leur région, ils se sentiraient si embarrassés et dépaysés qu'ils s'empresseraient d'y retourner. La vie ailleurs leur serait impossible. L'erreur qu'il y a dans ces façons de voir est au fond identique à celle qui consiste à bannir ces langues, comme un danger pour la grande Patrie.

Au fond, notre amour pour elle n'a toute son ampleur que lorsqu'il a appris à se réaliser dans la famille, à se fixer sur un coin du sol natal, matériel ou spirituel, que nous travaillons de nos mains et où nous avons communié avec les préoccupations, les joies, les traditions, les tendances, les passions de nos concitoyens, en employant la langue qui peut seule les exprimer, parce qu'elle est l'âme du pays, comme le sol en est le corps.

Pour ne pas effrayer certains esprits, ne vaudrait-il pas mieux ne pas substituer le provençal à une autre langue vivante, mais demander simplement qu'aux examens le Méridional puisse demander à être interrogé sur cette partie facultative et obtenir ainsi un appoint à ses notes ?

L'essentiel pour la réussite de votre initiative, si elle arrive à s'imposer, sera que l'enseignement du provençal ait une allure tout à fait scientifique et que les candidats demandant à passer cette épreuve aux examens soient tout à fait sérieux et non des cancres, cherchant dans les patois une planche de salut et presque de *galéjade*.

M. ANTOINE THOMAS

De l'Institut

Professeur de langues romanes

à la Faculté des Lettres de Paris

Je déplore que le décret du 28 décembre 1918 ait ajouté aux langues vivantes antérieurement admises au baccalauréat d'autres langues vivantes. Donc une nouvelle décision, *quelle qu'elle soit*, serait déplorable. Dans l'espèce, celle à laquelle vous songez — et qui ne s'applique pas à une langue *nationale*, — serait encore plus déplorable à mon sens.

Le provençal, (dans ses différentes variétés, littéraires ou non), ne me paraît convenir qu'à l'enseignement supérieur.

III

Conclusion

———

Voilà notre enquête terminée... Il s'agit maintenant d'en résumer ici les principales idées, quelquefois contradictoires, et d'en tirer des conclusions, que demain — espérons-le — on puisse faire passer dans la pratique.

Je rappelle d'abord que cette enquête a été conduite avec le plus grand souci d'impartialité ; sans doute j'ai dû m'adresser à un certain nombre d'écrivains originaires du Midi, — car autrement eussent-ils été compétents ? —mais écrivant en français, et j'ai écarté de cette enquête toutes les personnalités félibréennes, dont il eût été vraiment trop facile de collectionner les réponses enthousiastes ou virulentes. D'autre part, j'ai pris soin d'interroger des hommes politiques de tous les partis, et des Universitaires compétents, spécialistes des langues romanes ou que leurs fonctions désignaient tout naturellement comme pouvant donner un avis important sur la question; parmi ceux-là je savais que certains seraient nettement hostiles à ma proposition. Il en est qui ont marqué cette hostilité par le silence, d'autres par leur réponse que j'ai publiée. Je crois donc pouvoir indiquer, en toute sûreté de conscience, que l'enquête publiée par *La Renaissance* offre toute garantie d'impartialité et pour la première fois pose nettement et publiquement une question, qui n'avait été agitée que dans les cercles félibréens, et trop souvent sur le mode déclamatoire et sans portée pratique.

*
* *

Ceci établi, on peut diviser en plusieurs groupes les personnalités qui ont bien voulu nous adresser des réponses :

1° Ceux qui ont approuvé pleinement, d'un seul coup et de grand cœur, notre idée d'admettre aux examens du baccalauréat la langue de Mistral — et ce sont les plus nombreux ;

2° Ceux qui, par contre, se sont opposés, sans aucune nuance, à une telle idée ; ils ne sont que trois, mais il est vrai qu'ils appartiennent à la Sorbonne et au Collège de France. J'ajoute que je connais, dans la même sphère de haut enseignement parisien, plusieurs personnalités encore, qui ont préféré s'abstenir en ce débat, mais dont je sais les sentiments tout aussi hostiles ;

3° Ceux qui ont témoigné de la sympathie à notre idée, tout en lui opposant des objections plus ou moins graves ;

4° Ceux, enfin, qui l'ont trouvée insuffisante et ont proposé d'admettre au baccalauréat non seulement la langue de Mistral, mais tous les dialectes de la langue d'Oc, et aussi toutes les langues de France, le celtique, le basque, le flamand et l'alsacien.

Parmi les réponses du premier groupe relevons quelques formules saisissantes : « Le provençal devrait être enseigné en même temps que le latin, au moins dans toute la France méridionale », dit M. Jean Ajalbert. « Immédiatement après le français », dit M. Louis Bertrand. « Pour le lycéen qui fait ses humanités, l'étude de *Mireille* et de *Calendal* peut valoir celle de l'*Enéide* », dit M. André Dumas, cependant que M. Léon Lafage constate les services que peut rendre le provençal à l'étude du latin, au point de vue du nombre et de l'accentuation, et que M. Georges Lecomte souhaite que cette mesure soit adoptée « dans l'intérêt des lettres françaises » et « par respect pour la mémoire de Mistral », dont Mme de Noailles constate que l'œuvre est plus connue en Allemagne qu'en France. M. Henri Pourrat a peine, dit-il, à imaginer un bachelier ignorant la *Chanson de Roland* et *Calendal*. M. Armand Praviel constate que nous avons été conviés, dans les lycées et collèges du Midi, à admirer Ecouchard-Lebrun et Eugène Manuel, et que nous n'avons jamais entendu nos maîtres prononcer le nom de Mistral. Pour éviter le retour de paeilles erreurs pédagogiques, M. Paul Souchon propose d'incorporer enfin dans l'étude de la littrature française celle de la littérature provençale, qui en est « la face dorée et azurée » et pour conclure, M. José Vincent trouve qu'il y a quelque honte pour la France à ce qu'une pareille question puisse être posée.

Même approbation de la part de quelques représentants du Midi, M. Pasquet, sénateur et président du Conseil Général des Bouches-du-Rhône, MM. Adrien Artaud, Hubert-Giraud, Victor Jean, députés de ce même département, M. Xavier de Magallon, député de l'Hérault et par ailleurs, on le sait, poète distingué. Même sympathie, nuancée de quelques objections de détail et d'application, chez des Universitaires qualifiés, comme M. Gustave Lanson, directeur de l'Ecole Normale Supérieure, MM. Anglade, Bourciez, Sabatier, professeurs de Faculté, M. Albert Cahen, inspecteur général de l'enseignement secondaire, M. Gendarme de Bévotte, inspecteur d'Académie à Paris.

Je n'insiste point sur de tels témoignages. Que les représentants politiques des régions intéressées, — sans distinction de parti, — que des hommes de lettres originaires du Midi, mais qui ont écrit leurs œuvres en français, donnent leur sympathie au provençal, qu'un ancien président et le président actuel de la Société des Gens de Lettres, que le président de la Société des Poètes français, que bon nombre de hauts Universitaires ap-

prouvent, au moins partiellement, notre idée, c'est déjà
là un réconfort suffisant et qui nous montre comment une
grande partie de notre élite intellectuelle ne voit nul
danger dans la mesure d'équité que nous proposons, et,
bien au contraire, y découvre nombre d'avantages.

*
* *

Cependant des objections se présentent, je le sais, et
je dois les examiner avec soin ; elles proviennent pour
la plupart des milieux universitaires, qui ne peuvent évidemment se contenter d'un vague témoignage de sympathie pour la langue et l'œuvre de Mistral, mais doivent se préoccuper des moyens pratiques de la mettre
aux programmes d'examen. De telles objections méri-
tent d'être prises en considération, tant par égard pour
les voix autorisées qui les émettent que pour leur valeur
propre ; il ne s'agit pas de les rejeter par quelque facile
déclamation, mais de les discuter de façon serrée.

Il est relativement aisé d'éliminer d'abord celles de
MM. Jullian et Milliardet, qui nous disent aimer trop la
langue provençale pour lui faire supporter « l'ânonnement du bachot » et « traîner la muse mistralienne sur
les bancs du supplice ». Un pareil argument devrait
écarter de nos programmes Homère, Virgile, Racine,
Victor Hugo et tous les grands poètes de toutes les langues. Ce n'est qu'une élégante façon d'éluder une ques-

tion embarrassante et couvrir de fleurs la victime au moment de la sacrifier. On sera aisément d'accord pour ne point s'arrêter à cette manière de voir.

Une objection plus grave est celle-ci : « Vous voulez faire ajouter la langue provençale à celles qui sont autorisées par le décret du 28 décembre 1918. Or, ce sont des langues *étrangères* et le provençal n'est pas une langue *étrangère*. » Aussitôt d'autres ajoutent que le provençal n'est cependant pas une langue *nationale*. Ni nationale, ni étrangère, qu'est-ce donc que cette langue? Qu'on ose dire tout de suite aux Provençaux que c'est une langue de vaincus ou de sujets ; mais alors ne pourront-ils demander la même faveur que les Arabes et les Annamites, qui peuvent présenter, eux, leur langue au baccalauréat ?

En réalité, c'est jouer ici sur les mots et vouloir éluder encore le problème par une sympathie affectée ou par un facile dédain. La langue provençale n'est pas une langue étrangère à la France, sans nul doute, mais elle exige néanmoins une étude différente de celle du français ; elle offre le même avantage que l'italien, le portugais, l'espagnol ou le roumain, par la comparaison utile qu'on peut en faire à tout instant avec le latin et le français ; elle oblige l'élève à l'exercice de la traduction, elle lui offre des modèles de style et de poésie différents des modèles français, tout en étant aussi remarquables. « Sa littérature, nous dit M. Anglade, est assez riche et assez variée, assez belle surtout pour qu'elle ait une valeur éducative et qu'elle contribue à élever les âmes et les cœurs, ce qui est bien une des fins de l'enseignement secondaire. »

Et d'autre part, disons, si vous voulez, qu'elle n'est pas une langue officielle, mais n'osons pas dire qu'elle n'est pas une langue nationale, si nous ne voulons pas offenser par là une notable partie de la France qui, depuis quatre siècles, s'obstine à la parler et à l'aimer, tout en étant très loyalement française, et si nous ne voulons pas altérer l'histoire, qui nous montre comment, depuis le Moyen Age jusqu'à nos jours, nos deux langues et nos deux littératures d'oïl et d'oc ont été intimément unies.

Est-il besoin de chicaner sur une question de classification ? Langue française, langues étrangères, voilà deux sections, deux colonnes qui font merveille sur les « états » bureaucratiques. Mais que l'Administration ne vienne pas nous dire qu'on ne peut pas ouvrir une troisième colonne pour y classer les langues de France, autres que la langue française, et qui sont de France, aussi loyalement et aussi fermement que le français officiel.

Notre enseignement en perdra-t-il son caractère français, ainsi que semble le craindre M. Camille Jullian ? Mais le grand historien de la Gaule oublie-t-il à ce point nos origines, qu'ont éclaircies ses admirables travaux, et que l'esprit français est fait du mélange savoureux de tous ces esprits régionaux ? A détruire ces particularités

locales, bien loin de nous trouver devant un esprit plus
français, nous n'aurons plus qu'un enseignement sec,
administratif, sans couleur et sans chaleur, comme nous
avons vu, jadis, hélas ! que pouvait être parfois celui de
certains membres de l'Université !

*
* *

Mais par un choc en retour, nous voici alors devant
une autre objection : « Pourquoi seulement la langue
de Mistral ? » M. Camille Jullian nous met en garde :
« Si vous dites provençal, d'autres diront basque, béarnais, celtique, flamand, alsacien. » Et je sais bien qu'ils
le diront, puisque déjà MM. Albalat, Charles-Brun,
André Dumas, Ch. Le Goffic, Louis Payen, Henri
Pourrat soulèvent cette objection, qui sera reprise demain par bien d'autres.

Je la crois fort juste en son principe ; je la crois
cependant prématurée et pour l'instant hasardeuse.
Quand nous disons *langue provençale*, et par là nous
entendons, je le répète, la langue de Mistral, nous pré-
sentons un ensemble net et solide, l'œuvre d'un grand
poète, que personne ne conteste, appuyée sur un dictionnaire, une grammaire, une orthographe, qui peuvent
être par endroits arbitraires comme toutes les grammaires et toutes les orthographes, mais qui sont logiques, au
même titre que celles des autres langues. C'est là ma-

tière assurée d'enseignement et d'examen. En est-il de même avec tous les autres dialectes de la langue d'oc ? avec la langue celtique, basque, avec le flamand et l'alsacien ? On peut en douter. En tout cas il n'y a point là d'œuvre qui s'impose avec la valeur littéraire et morale de celle de Mistral. Et puisqu'il faut débuter et faire un essai, que nos amis impatients veuillent bien ne pas compliquer la question et nous laissent à titre d'expérience demander l'inscription au programme de la langue mistralienne, quitte à faire la preuve par devant les Universités compétentes (Rennes, Bordeaux, Toulouse, Montpellier, Lille et Strasbourg) que leurs titres sont aussi sérieux que les nôtres. L'expérience faite, et si elle est heureuse, comme j'en suis persuadé, et les livres nécessaires établis pour les autres langues, nul doute que toutes ne profitent peu à peu de l'expérience ainsi instituée et que risquerait de ruiner une application trop large et trop hâtive.

Cependant, à supposer que l'expérience soit limitée à la langue de Mistral, si nul ne conteste sa valeur littéraire, certains doutent de son intérêt pratique. C'est là ce que nous objectent MM. Brunot, Cahen, G. de Bévotte, H. Pourrat. Les langues autorisées déjà au baccalauréat ont une valeur pratique, commerciale, une va-

leur d'échange pour ainsi dire, le provençal point.
« L'enseignement des langues vivantes, dit M. Brunot,
doit avoir pour effet de mettre les jeunes Français en
contact avec les civilisations étrangères ».

Pourtant on autorise l'Arabe et l'Annamite, sujets
français, à présenter leur langue maternelle, ce qui les
retient dans le cercle de leur civilisation propre, bien
plus éloignée de la France que la tradition provençale.
Aussi M. Albert Cahen paraît-il moins assuré : « Peut-
être y a-t-il quelque excès, dit-il, à n'envisager l'étude
des langues vivantes dans l'enseignement secondaire
qu'en vue de l'usage et nullement de la contribution
qu'elle peut apporter à la culture générale de l'esprit. »
Mais M. Paul Sabatier va plus loin encore, quand il
constate l'ignorance où les Français se trouvent des langues étrangères et qu'il attribue cette ignorance à celle
où ils se trouvent de leurs propres ressources linguisti-
ques : « Nous n'en serions pas là, si, dès l'école primaire, au lieu de pourchasser le provençal, le basque
ou le breton, comme des dialectes enfantins, qu'il est
honteux de parler, tout en faisant une place au français,
en eût laissé à ces langues secondaires la place qui doit
légitimement leur revenir, parce que l'histoire la leur a
faite. Savoir s'exprimer en deux langues, en français et
en provençal ou en alsacien, n'est pas seulement un enrichissement du cœur et de l'intelligence, puisque certaines impressions s'expriment bien mieux dans ces langues
secondaires, c'est aussi une sorte d'initiation inconscien-

te, mais infiniment précieuse à la vie des mots et des langues. »

Voilà qui répond, de façon très nette, à l'objection de M. Brunot : l'historien de Saint François d'Assise, originaire du Midi des Troubadours et des théologiens, devait trouver cette formule d'intelligence et d'amour ; qu'il en soit ici remercié...

L'étude du provençal aurait donc un intérêt nettement pratique, que M. Lanson souligne encore : « Ce pourrait être un moyen de préparer le recrutement d'une catégorie d'érudits, qui n'est pas assez représentée chez nous, alors qu'elle l'est si richement en Allemagne et ailleurs. Et, joint à l'italien ou l'espagnol, comme premières langues, cela ferait une belle culture romane. »

Mais transportons la question sur un autre terrain ; M. Pierre Jalabert nous indique quel fut l'intérêt pratique de la langue d'*oc* dans les tranchées, quand on s'en servait au téléphone pour dérouter l'ennemi qui n'y comprenait plus rien !

Ainsi la langue provençale a fait ses preuves dans les plus pénibles circonstances et son patriotisme français ne peut être suspecté. Nul danger national à l'encourager, bien au contraire. Qu'on ne croie pas au reste que la mesure préconisée aurait pour conséquence de rallier autour d'elle un très grand nombre d'élèves et de parents. M. Anglade a constaté justement que les pères de famille du Midi avaient le plus souvent du mépris pour ce que beaucoup d'entre eux appellent encore le patois et que les administrateurs originaires du Midi sont les moins favorables à son enseignement.

En fait cet enseignement a été autorisé déjà, à titre d'essai, dans quelques lycées de Provence (Aix, Marseille, Avignon, Toulon). Les professeurs improvisés ont été des Félibres ; les résultats ont été assez satisfaisants, sans être tout à fait décisifs. C'est que cet enseignement restera frappé d'infériorité, tant qu'il n'aura pas une sanction pratique. Nous vivons à une époque où ni les parents ni les enfants ne se soucient de connaissances qui ont l'air de ne servir à rien. Et je réponds ici à l'objection de MM. Anglade, de Bévotte et Lanson, qui nous disent : « Organisez d'abord cet enseignement, on le sanctionnera ensuite. »

C'est précisément de façon contraire qu'il faut procéder si l'on veut aboutir : on ne pourra organiser un tel enseignement que s'il doit être sanctionné au baccalauréat par une épreuve semblable aux autres. Mais le jour où cette épreuve existera, il sera relativement facile de trouver dans les lycées du Midi des professeurs compétents pour préparer les candidats éventuels à une épreuve qui sera aussi sérieuse que toute autre, je n'ai pas besoin de l'assurer, devant les Facultés, où existe un spécialiste des langues romanes, très capable de maintenir à une telle épreuve tout le sérieux désirable, et dont la difficulté, pour peu que l'examinateur le veuille, peut être fort redoutable.

Au reste la question posée n'est pas précisément celle-ci ; admettre le provençal au baccalauréat, ce n'est pas prendre l'engagement d'organiser son enseignement. On n'enseigne dans nos lycées ni le serbo-croate, ni le russe, ni l'arménien, ni l'annamite. C'est l'affaire des candidats, qui présentent ces diverses langues, que de les savoir par n'importe quel moyen. Qu'un candidat présente le provençal, s'il le sait bien, et par là, j'entends de façon littéraire et grammaticale, qu'importe l'origine de ses connaissances ?

La question posée ici est très simple, somme toute :

Il s'agit de savoir si un citoyen français, d'origine provençale, aura devant nos Facultés moins de droits qu'un étranger ou qu'un indigène de nos colonies. Il s'agit de savoir s'il vaut mieux sur ce point être le fils de sujets annexés depuis cinquante ans à peine ou le descendant de générations qui ont donné depuis des siècles à la France leur travail, leur sang, leur or, leur dévoûment dans la paix et dans la guerre. Quand les Etats de Provence ont voté librement l'annexion de leur pays au royaume de France, ils ont stipulé que la Provence devait conserver ses coutumes et ses traditions : le pacte n'a pas été respecté par la monarchie centralisatrice ; il appartient à la République d'être plus libérale, et c'est l'avis de tous les hommes politiques, que nous avons consultés, élus de la démocratie méridionale. Il n'est pas ici d'alliance entre la vieille langue et la conservation d'un passé royal ou aristocratique ; c'est, tout au contraire, une mesure démocratique que nous demandons.

en souhaitant que la langue du peuple de Provence soit admise au baccalauréat, sanction des études secondaires.

Et pour nous borner à une proposition précise et modérée, conforme à l'avis de M. Lanson, directeur de l'Ecole Normale Supérieure, j'ai l'honneur de demander à M. le Ministre de l'Instruction Publique de vouloir bien signer le décret suivant :

« Est ajoutée à la liste des langues autorisées aux examens oraux du baccalauréat par décret du 28 décembre 1918 la langue provençale, telle qu'elle a été fixée par les travaux et les œuvres du poète Frédéric Mistral et des membres du Félibrige ; les divers textes de langue d'oc, établis d'après les mêmes principes, pourront être soumis par les Facultés intéressées (Aix-Marseille, Bordeaux, Lyon, Nancy, Toulouse, Paris) à l'agrément du Ministre de l'Instruction Publique et seront admis dans les mêmes conditions aux examens du baccalauréat, s'ils paraissent offrir les mêmes garanties littéraires et philosophiques. »

Le jour où un tel décret sera signé, une grande injustice sera sur le point d'être peu à peu, et de mieux en mieux, réparée.

« Les poètes, nous dit M. Pierre de Nolhac, finissent toujours par avoir raison. »

IV

Réponses postérieures à l'enquête

J'ajoute aux textes précédents quelques réponses, qui, pour des raisons diverses, me sont parvenues après la publication de l'enquête par *La Renaissance* :

M. PAUL BOURGET,

De l'Académie Française

Je suis un partisan déterminé de l'enseignement du provençal à tous les degrés de l'instruction publique : à l'école primaire, à l'école secondaire, pour le baccalauréat, à l'école supérieure. L'œuvre d'un Mistral, d'un Roumanille, d'un Aubanel, d'un Félix Gras, atteste que le provençal n'est pas une langue morte, mais une littérature vivante. Une littérature ne se révèle pas par autre chose que l'achèvement d'un parler en perfection. On

5

n'a pas le droit d'enlever ce fleuron à la couronne littéraire de la France.

(Déclaration au *Petit Marseillais*, 17 Mars 1923).

M. L'ABBÉ HENRI BREMOND

De l'Académie Française

Votre (notre) projet n'a qu'un tort. Il est beaucoup trop timide. Une fois ce minimum obtenu, sans davantage, ce n'est pas à une poignée, c'est à l'universalité de nos élèves qu'il faudrait révéler nos classiques provençaux. Qu'ils soient donc enfin cités et commentés — au même titre que les autres — dans nos cours (théoriques et historiques) de littérature. Et quel bénéfice même pour les autres, c'est-à-dire Homère, Virgile, etc., rendus plus faciles, aimables, vivants par un rapprochement — quasi perpétuel — entre eux et Mistral. Qui a mieux senti et traduit les *Syracusaines* de Théocrite que notre Roumanille ? etc., etc. *Atria longa patescuant.*

M. MARCEL CLAVIÉ

Bibliothécaire de la Ville de Paris

Non seulement on doit admettre la langue de Mistral au baccalauréat, mais aussi celle de Jasmin, qui est bien différente et qui a ses couleurs, son lyrisme, ses images variées, sa richesse et sa personnalité.

Il est déplorable — et je parle ici aussi bien en ma qualité de bibliothécaire qu'en celle d'homme de lettres — de constater que beaucoup de bibliothèques ne possèdent pas les œuvres de Mistral : texte original et traduction ; mais il est presque honteux de constater également que les œuvres de Jasmin sont ignorées de la presque totalité de la jeunesse d'aujourd'hui, parce que ces œuvres n'ont pas été rééditées et ne peuvent se trouver, par conséquent, dans aucune bibliothèque publique.

Mais y a-t-il, tout d'abord, pour la diffusion de ces œuvres, aussi bien de Mistral et de Jasmin que de Roumanille, Fourès, Auguste Quercy, Perbosc, etc..., un éditeur assez intelligent et assez capable de créer une section spéciale d'œuvres en langue d'oc ?

Y a-t-il aussi un ministère des Lettres, vraiment capable d'encourager un pareil effort ?...

Il faut le souhaiter ardemment, surtout en ce moment où le niveau intellectuel de la France baisse considérablement et où la jeunesse ne pense qu'aux joies matérielles et aux sports exagérés.

M. MÉRITAN

Député de Vaucluse

Ai-je besoin de vous dire que j'applaudis de tout

cœur à l'admission du provençal au baccalauréat comme langue à option pour les épreuves orales, au même rang que toutes les autres langues européennes ou orientales qui y sont déjà admises. J'estime, en effet, comme vous, qu'il y a un droit absolu pour notre chère langue provençale à être traitée sur le même pied que les autres langues.

Je serais très heureux de pouvoir contribuer dans toute la mesure de mes moyens à ce qu'il en fût ainsi.

M. LÉON DAUDET

L'Action Française, 18 Octobre 1923

Personnellement, j'ai été initié par mon père aux *Géorgiques*, dans l'ombre dorée des *Iles d'or* et de *Mireille*, et précisément au pied des Alpines, il y a de cela quelque quarante ans. Mais je me rappelle, comme si c'était hier, le bourdonnement des abeilles, le crissement des cigales et la comparaison des termes, des inflexions et des rythmes. Par cette voie, le latin est entré dans ma mémoire avec la plus grande facilité, et il n'en est plus jamais sorti. Je confonds Mantoue et Maillane.

M'étant trouvé bien de la méthode, je l'ai inculquée à mes enfants. Il est effarant et scandaleux que nous ayons dans notre littérature — car la langue d'oc est une branche du français, saperlipopette ! — un poète de la taille et sublimité de Mistral, de beaucoup le plus grand, le plus profond, le plus sincère — et le plus *utile* — du dix-neuvième siècle, et que ce poète demeure inconnu de presque tous les jeunes collégiens et lycéens, quand il devrait leur être familier. Si je dis que Mistral est *utile*, c'est qu'il enseigne l'amour du terroir, prolégomène à l'amour de la patrie, et aussi c'est qu'il inculque la beauté saine, faute de laquelle un peuple s'étiole et meurt. Il est le grand Latin, nettoyant, comme le vent dont il porte le nom, les nuées germaniques et anglo-saxonnes. Avec lui, toutes choses sont mises à leur place : l'homme et la nation, les métiers, les éléments et la mort ; mais aussi il donne le sentiment aux jeunes lecteurs que la vie, en dépit de ses travers, vaut la peine d'être vécue, et que le pire — comme dit Calderon — n'est pas toujours certain.

M. MAURICE MIGNON

Chargé de cours à la Faculté des Lettres de l'Université d'Aix-Marseille

En ma qualité de professeur de langues et littératures de l'Europe méridionale, je ne puis guère ne pas m'intéresser à la question posée par mon éminent ami, Emile Ripert, sur le point de savoir si la langue provençale doit avoir droit de cité aux examens du baccalauréat.

En principe, il semble que non, si l'accès de ces examens est ouvert seulement aux langues étrangères vivantes. Je sais bien qu'il y a l'exception de l'arabe, de l'annamite : le provençal n'a pas pour lui les mêmes raisons d'opportunité nationale.

Cependant, si, après les récentes réformes, la place doit être faite plus large aux langues classiques, et en particulier au latin, on pourrait admettre que les langues néo-latines fussent appelées à bénéficier, elles aussi, de cette faveur extraordinaire. Or, parmi ces langues, le provençal réunit ces deux qualités, d'être à la base de la culture romane, et d'être parlé dans une partie de la France : voilà qui n'est pas négligeable. A ce double titre, la langue provençale semble pouvoir revendiquer une place aux examens, qui sanctionnent la période d'initiation à la culture classique. Mais, alors, ce ne serait pas seulement la langue de Mistral dont les candidats devraient connaître les rudiments : il faudrait aussi qu'ils fussent en mesure d'expliquer un texte d'Arnaut Daniel ou de Folquet de Marseille, de Sordel ou d'Ugo Faidit.

De la sorte, les futurs bacheliers, tout en possédant un idiome qui leur servirait de seconde langue étrangère vivante, acquerraient des notions littéraires propres à leur faire mieux connaître les origines de notre poésie lyrique et de la poésie lyrique italienne.

V

Opinions de la Presse

Cette enquête, ayant paru dans les numéros de *La Renaissance* des 3, 10 et 17 février 1923, a été signalée et commentée par un grand nombre de journaux et revues de Paris, de province et de l'étranger. Citons parmi les principales publications qui s'y sont intéressées :

A Paris : Le *Figaro*, la *République*, le *Gaulois*, l'*Intransigeant*, l'*Ere Nouvelle*, l'*Action Française*, *Paris-Midi*, l'*Eclair*, l'*Echo National*, le *Provençal de Paris*, l'*Evénement*, la *Liberté*, l'*Homme Libre*, la *Vie*, le *Mercure de France*, l'*Ecole et la Vie*, l'*Information Universitaire*.

En Province : Le *Petit Marseillais*, le *Soleil*, le *Radical*, le *Bavard*, *Théatra*, le *Nain Jaune*, le *Petit Provençal*, l'*Eclaireur de Nice*, le *Courrier du Midi*.

Dans les provinces de Langue d'Oc : à Toulouse :

La *Dépêche*, l'*Express du Midi*, le *Télégramme*, *Lo Gaí Saber*.

A Montpellier : Le *Petit Méridional*.

A Bordeaux : La *Liberté du Sud-Ouest*.

A Perpignan : L'*Eveil Catalan*, la *Tramontane*.

A Pau : Les *Pyrénées*.

A Saint-Etienne : Le *Courrier de la Loire*.

A Limoges : Le *Courrier du Centre*.

Dans les autres provinces : Le *Progrès de la Saône* (Châlons-sur-Saône ; l'*Alace Française* (Strasbourg).

A l'étranger : *The Time* (Londres) ; l'*Avenir du Tournaisi* (Tournai) ; l'*Horizon* (Bruxelles) ; la *Semaine Littéraire* (Genève).

Divers articles importants ont été signés dans ces publications des noms de MM. Ch. Bauby, Paul Berthelot, Jean Bonnafous, J.-R. de Brousse, F.-J. Desthieux, L.-J. Finot, H. de Forge, Maurice Levaillant, Roger Liquier, André Négis, Armand Praviel, Ed. Ramond, Louis Sabarin, Paul Souchon.

Nous en reproduisons ci-dessous quelques considérations :

M. EDOUARD RAMOND

La *République*, Paris 20 Février 1923

L'objectif premier de l'enquête est d'obtenir une « sanction », une consécration de l'étude du provençal.

Eh ! bien, que M. Ripert me permette de le lui dire, c'est trop ou trop peu. Car de « sanction » officielle, ils n'en eurent pas besoin, ils ne s'en soucièrent pas nos poètes de Provence, ni Mistral, ni Aubanel, mélancolique et passionné, non plus que la pléiade de poètes authentiques et superbes dont se pare aujourd'hui la Provence. Et il est permis de douter que l'appât d'une mention spéciale sur la peau-d'âne universitaire soit un stimulant suffisant.

Posséder sa langue natale, sa *langue-mère*, comme disait Mistral, voilà qui doit être le but vrai et profond, voilà ce qu'il faut encourager. Mais c'est dans l'enseignement primaire d'abord qu'il faut le tenter : qu'on utilise le provençal, ou le breton, ou le flamand pour apprendre le français aux petits paysans, selon la méthode du Frère Savinien, parfait ! Peut-être parviendra-t-on ainsi à empêcher le triste état de choses actuel : la méconnaissance ou l'ignorance partielle de toutes les langues, françaises ou régionales, que révèlent la plupart des enfants.

En outre prenons garde à créer même les apparences d'un séparatisme, contre lequel Mistral n'a cessé de protester, et redoutons le néfaste exemple que donne en ce moment la Belgique, en proie aux querelles du flamingantisme.

Enfin craignons que le provençal apparaisse comme un élément de programme scolaire, et ses chefs-d'œuvre comme des pensums aux jeunes cerveaux des écoliers.

Obtenons plutôt que cessent l'ostracisme, l'hostilité dont l'Université a trop longtemps fappé la langue des troubadours, demeurée celle des « pâtres et gens des mas ». Rappelons à nos auteurs de manuels qu'il est ridicule ou étroit d'omettre la littérature provençale dans l'étude de notre histoire littéraire... Mais attendons plutôt du patriotisme régional, de l'amour de notre passé, la maintenance et le culte du parler qui fleurit des rives du Rhône aux rivages de la Méditerranée, dans cette « gueuse parfumée » qui nous est si chère. D'apparaître persécutée, la *Comtesse* symbolique en laquelle Mistral figura sa langue natale demeure plus attachante et suscite plus d'ardents dévouements. Et il n'est point besoin des parchemins administratifs pour qu'elle réalise la mission que lui assigne, par la voix de Mistral, le hautain et noble *Lion d'Arles* :

> « *Toi, Provence, trouve et chante,*
> *Et, célèbre par la lyre ou le ciseau,*
> *Dispense au monde ce qui enchante*
> *Et ce qui fait le monde beau* ».

M. F. Jean-DESTHIEUX
L'Homme Libre, 28 Février 1923

C'est probablement faire fausse route que, d'abord, demander en faveur du provençal une telle consécra-

tion. L'argument présenté et sur lequel tous les sentiments paraissent s'accorder, à savoir que le provençal de
Mistral a bien à tout le moins la même valeur éducative
que l'arménien ou l'annamite, est aussi celui sur lequel
pourra reposer la pétition définitive. Mais l'annamite,
l'arménien et les autres langages auxquels, au cours de
cette enquête, il a été fait allusion sont parlés couram-
ment chaque jour, par des peuples qui n'en ont nulle
honte. Tandis que, dans les écoles publiques de Provence ou de Bretagne, l'instituteur a l'ordre de répri-
mander sévèrement toute tentative de parler la langue
de leurs père, chez les enfants.

Faisons d'abord cesser cela, voulez-vous, Ripert ?
A mon sens, c'est le plus urgent.

Commençons donc par le commencement et songeons
plutôt aux difficultés qu'éprouve un petit paysan provençal ou un petit paysan breton à parler, du jour au
lendemain, une langue qui n'est point la sienne. Ré-
cemment, dans la revue *Le Feu*, M. Frédéric Mistral
neveu rappelait l'existence et la méthode du courageux
frère Savinien, auteur d'une grammaire provençale et
inventeur d'une méthode d'enseignement du langage
d'oïl par les langues d'oc. Précurseur d'Emile Ripert,
ce brave félibre, honoré de l'affection de Mistral lui-
même, voyait juste, et pratique. Nous n'obtiendrons rien
en laissant subsister dans la pensée des détracteurs du
Midi l'idée que, peut-être, les méridionaux cherchent à
rompre avec le reste de la nation et que la liberté du

langage ne serait pour eux qu'un prélude à la liberté
politique : ils redoutent un impossible séparatisme et
n'ont pas d'autre argument. Mais, si ridicule que soit
leur point de vue, ils n'en démordront pas : a-t-on jamais vu ridicules gens cesser de l'être ?

Lorsque le jeune Provençal, ayant franchi le cycle
primaire, abordera le secondaire, qu'il ait le droit d'ap-
profondir la connaissance de sa propre langue, rien de
mieux : cela l'aidera d'abord dans l'étude du latin, nécessaire à celle de la langue française, comme il est nécessaire à l'étude de l'italien, de l'espagnol, de l'anglais et même de l'allemand ; cela l'aidera, ensuite, à
l'étude directe de l'espagnol et de l'italien eux-mêmes.

S'il avait vécu, Paul Adam eût répondu avec enthousiasme à la question posée et il n'eût pas manqué
d'invoquer un argument que je n'ai rencontré chez aucun des correspondants de la *Renaissance*. Avec Mistral, il fut celui qui, dans les livres, dans la presse, a le
mieux défendu cette idée politique qu'une grande fédération des peuples latins, embrassant le Portugal,
l'Espagne, la France et l'Italie, auxquels viendrait
s'adjoindre la Belgique, serait admirablement consti-
tuée pour la sauvegarde de la paix latine et européenne. Ceux qui pratiquent Mistral connaissent cette idée :
à toutes les occasions, il a préconisé l'alliance des peuples latins pour faire face aux barbares du Nord et pour
assurer en Europe un équilibre moins artificiel que celui
qui est constitué par des alliances interchangeables et

éphémères. En la Provence, par lui réveillée de sa tor-
peur, il voyait un trait d'union naturel entre la Catalo-
gne francophile et l'Italie septentrionale. La langue, qui
est le véhicule de la pensée des races, est aussi le premier
lien fédéraliste. C'est une portée sociale et politique que
revêt la question posée par le poète Emile Ripert.

M. EMILE PIERRE

Le Soleil, Marseille le 12 Février 1923

Une « Galégeade »

M. Emile Ripert, qui est un bon poète et un littéra-
teur fervent, aime la « galégeade ». Dans la *Renaissance* il propose que le langage provençal soit admis
pour le baccalauréat. Là-dessus, plébiscite, enquête,
consultation. Des écrivains de tout poil donnent leur
avis. Certains opinent pour l'admission ; d'autres, timi-
dement et avec l'évident désir de ne pas contrister M.
Emile Ripert, font remarquer que le provençal n'est pas
une langue vivante.

Cette discussion académique est, en réalité, sans objet. On n'imagine pas un seul instant que l'enseignement
unitaire de France consentirait à ériger le provençal en
langue vivante au même titre que l'anglais, l'allemand
ou l'italien.

Pour notre part, nous croyons que l'on peut aimer son terroir, sa petite patrie, sans montrer pour cela un particularisme qui nous exposerait à des plaisanteries méritées.

Sans vouloir faire nous-même une assimilation quelconque entre notre Midi et la Belgique, ne pense-t-on pas que d'autres pourraient la faire à propos de l'agitation flamingante ? Et, en effet, il n'y a pas de raison, si l'on décrète la langue provençale langue vivante, pour ne pas lui consacrer l'Université d'Aix-Marseille, comme le flamand réclame et même exige l'Université de Gand.

Non, rendons chez nous, entre nous, à la langue de notre ciel l'hommage filial que nous lui devons, mais gardons-la de toute officialité. On ne doit pas se quereller pour ce que l'on aime et surtout on ne doit pas imposer aux autres ce que l'on aime.

Du point de vue utilitaire, nous pensons que ce ne serait pas non plus un service à rendre à un bachelier que de lui donner le provençal pour un bagage linguistique sérieux.

On ne voit pas bien un jeune diplômé luttant dans la vie contre des concurrents parlant l'anglais ou l'espagnol et se lançant dans la navigation ou le commerce avec notre idiome régional pour tout potage. Il est permis à M. Emile Ripert d'avoir des illusions à ce sujet. Quand il s'agit de gagner sa vie, loin d'une chaire professorale et de la littérature, c'est autre chose, et les temps sont assez durs à la jeunesse qui pousse pour ne pas soumettre l'avenir de nos bacheliers à une « galégeade ».

M. CHARLES FORMENTIN

Le *Radical*, Marseille 22 Février 1923

UNE BÊTISE

C'est un confrère qui l'a dite. Passe encore s'il était de Paris, mais il est de Marseille et habite à quelques pas de la Cannebière. M. Emile Pierre, qui d'habitude a de la sagesse et du bon sens, cherche querelle à la langue provençale. Il est vrai que c'est un peu la faute de mon vieux camarade Henry Lapauze. Ne vient-il pas, en effet, d'ouvrir dans sa très vivante revue *La Renaissance* une enquête qui fait déraisonner les meilleurs esprits ?

Donc mon confrère de la rue Grignan blague le provençal, l'humilie et le considère presque comme un patois. Devant cette offense, pas un félibre n'a bronché ni envoyé ses témoins. Le grand capoulié Marius Jouveau lui-même n'a pas réuni son consistoire pour excommunier le blasphémateur. On voit bien que depuis la mort de Mistral, le Félibrige est devenu une institution académique et engourdie.

Un Provençal pur sang s'est permis de dire que la

langue de Mireille doit être bannie des examens du baccalauréat. Il trouve naturel que les candidats bredouil-
lent quelques mots d'italien, d'anglais ou d'allemand;
mais, à ses yeux, l'idiome de la petite patrie est inutile,
car il ne saurait, dit-il, jouer aucun rôle dans nos relations commerciales avec l'étranger. A l'en croire, tous
les futurs bacheliers sont appelés à être un jour des na-
vigateurs, des explorateurs ou des commis voyageurs ;
et c'est là la raison de son dédain.

Et voilà pourquoi M. Emile Pierre est fort en colère
après notre ami Emile Ripert qui, en sa qualité de professeur de Faculté, rêve de voir le provençal inscrit
dans les programmes universitaires.

Je soupçonne l'ennemi de notre doux parler d'avoir
perdu l'accent au cours d'un long voyage ou de vouloir
faire sa cour aux Parisiens. Mais je suis sûr qu'en per-
dant l'accent il a aussi perdu la logique. Il oublie, en
effet, que les chefs-d'œuvre de la littérature provençale
sont aujourd'hui dans le Midi officiellement enseignés
et que si du haut d'une chaire un professeur démontre
la beauté de « Mireille » ou de la « Vénus d'Arles »
l'étudiant a besoin de connaître la langue dans laquelle
les deux poètes ont chanté. Il faut qu'il puisse en savou-
rer les nuances, le pittoresque et l'harmonie et que les
vers récités par lui fassent une musique à ses oreilles et
de la couleur à ses yeux.

Appelez patois, si vous le voulez, le breton, l'auvergnat, le limousin, le basque : tous ces idiomes régionaux

n'ont rien en effet de ce qui fixe une langue : c'est-à-dire une syntaxe, une grammaire, un dictionnaire. Ils n'ont produit que des œuvrettes, chansons à boire ou couplets de mirliton. Le poète perruquier Jasmin, malgré ses « Papillotos », est depuis longtemps oublié au pays de Gascogne, alors que le chantre de Maillane est célèbre dans le monde entier.

Que les Parisiens se moquent de la langue provençale et préfèrent leur argot, qu'importe ! Mais nous ne voulons pas que chez nous elle soit ridiculisée ou dédaignée. Notre petite patrie possède, en effet, une richesse qui fait son originalité. A côté de la belle langue française nous avons un idiome où se résument toutes les qualités de notre terroir. Tandis qu'en d'autres provinces on jargonne, en Provence nous parlons. Quand il nous plaît d'exprimer notre pensée autrement qu'avec la langue de Voltaire, nous employons celle de Mistral, de Roumanille ou d'Aubanel. Les mots prennent alors un relief extraordinaire : ils chantent, ils font de la lumière. On dirait qu'ils gesticulent, tant ils donnent du mouvement et de la vie à nos phrases. Et pour que l'effet soit plus savoureux encore, nous ajoutons l'accent.

C'est la langue provençale, celle qu'avant la guerre les Allemands enseignaient dans toutes leurs universités, celle qu'on apprend en Amérique, en Suède, celle qui doit avoir sa place dans nos écoles et dans tous nos programmes d'examen.

Quelques mois avant sa mort, devant les Alpilles que

bleuissait le crépuscule et parmi les myrtes de son jardin, le poète de Maillane me parlait avec mélancolie. Il regrettait de partir sans avoir vu se réaliser son rêve : l'enseignement officiel en Provence de la langue de Mireille. Dans les mystérieux Alyscamps où il doit flâner avec les camarades qui fondèrent avec lui le Félibrige, Mistral doit être aujourd'hui content. Car le provençal vivra par les chefs-d'œuvre qu'il a produits et par le culte que ses fidèles lui ont voué.

Certes nous honorerons et parlerons toujours la langue française qui fait la gloire et l'unité de la Patrie ; mais nous défendrons aussi le parler de nos ancêtres. Nous l'enseignerons à nos enfants pour qu'ils apprennent à respecter les traditions qui nous sont chères, à protéger notre race, à maintenir notre caractère et notre esprit. Quand il y aura un peu plus de Provençaux parlant leur langue naturelle, il y aura un peu moins de déclassés dans nos villes et la terre comptera un peu plus de paysans.

M. HENRY DE FORGE

Mémorial de la Loire, Saint-Etienne, 28 Mars 1923

AU JOUR LE JOUR — LE PATOIS AU BACCALAUREAT

M. Emile Ripert pose, dans la revue *La Renaissance*,

cette très intéressante question, qui désoriente les milieux officiels de l'enseignement et les solennels pontifes gravitant autour du grand maître de l'Université :

« Doit-on admettre le provençal au baccalauréat? »

Le vénéré doyen de la Faculté des Lettres de Paris s'est voilé la face en criant au scandale et à la profanation.

Moi, tout naïvement, j'ai envie de crier bravo à M. Ripert.

Mais oui, bravo !

Puisque nous supportons cette institution surannée, qu'est le baccalauréat, ne nous obstinons pas, sapristi! à lui donner des allures fossiles.

Mettons-le plutôt au goût du jour !

Toutes les fois qu'il est question d'y toucher, en vue de le moderniser, de respectables professeurs de l'Université, ou de la Sorbonne, maître éminents d'ailleurs, se dressent pour réclamer hautement que l'on ne touche en rien à cette institution d'un autre âge.

Il existe, paraît-il, une solennelle Commission d'Enseignement, qui a le soin jaloux de défendre avec toute l'âpreté nécessaire, ce monument d'un autre âge et même de lui conserver intangible, la forme dans laquelle il y a près d'un siècle, il a été moulé.

Sous un de nos derniers ministres de l'Instruction publique un professeur d'importance osa proposer un sectionnement nouveau du baccalauréat, qui aurait permis à ceux qui se destinaient aux études historiques, archéologiques, à l'Ecole des chartes, ou simplement à la littérature, de s'y préparer déjà, en se sélectionnant un peu, parmi leurs camarades. Il s'agissait de fonder une catégorie nouvelle de baccalauréat, où une épreuve vieux français se serait ajoutée aux épreuves de latin et de grec.

La Commission vit là une évolution inutile, peut-être dangereuse et fut d'avis de s'en tenir, une fois de plus, aux anciennes routines.

De même, elle écarta — cette fois, avec plus de logique — la proposition, faite officiellement au Ministère, d'introduire au baccalauréat une épreuve d'Espéranto.

L'idée était intéressante, mais le moment n'était pas encore venu, cette langue universelle étant loin d'être universellement, non seulement adoptée, mais même prise au sérieux.

Il fallut longuement batailler avec cette Commission du baccalauréat. Il fallut la pression d'un ministre — heureusement à poigne, pour obtenir, tout de même, quelques années plus tard, un remaniement du vieil examen, qui constituait un progrès marqué.

On y admettait désormais, officiellement, que l'étude des langues vivantes pouvait offrir autant d'intérêt pour la jeunesse studieuse que celle des langues mortes et que l'étude de celles-ci pouvait s'équilibrer, tout au moins, avec celles-là.

Au lieu de se borner à des épreuves d'Allemand et d'Anglais, il fut donc admis que l'Espagnol, l'Italien, le Russe et même l'Arabe, pouvaient être choisis librement, comme deuxième épreuve, par les candidats au baccalauréat de « latin langues ».

Mais ne serait-il pas à propos, vraiment — en prolongeant cet effort pour rendre plus pratique l'examen qui clôt les études, avant de se lancer dans la vie — de créer pour ceux que cela pourrait intéresser vraiment, une subdivision nouvelle qui s'appelerait non plus « latin-langues étrangères, mais latin-langues provinciales ».

Les principaux parmi les plus célèbres patois de France retrouveraient ainsi des fervents, qui sauraient les étudier dans la pureté de leurs traditions et soutenir, prolonger une littérature régionale, qui mérite d'être respectée.

Un certain nombre de grands journaux régionaux ont fort judicieusement conservé, au milieu de leurs rubriques habituelles, un article écrit, chaque jour, en patois local.

Puisqu'on admet qu'il existe à la Faculté d'Aix une chaire de provençal, il peut y en avoir une de limousin à Poitiers, de breton à Rennes, d'auvergnat à Clermont-Ferrand, de basque à Bordeaux, de bourguignon à Dijon, de langue d'oc à Toulouse, de berrichon à Bourges, de lorrain à Nancy, de savoyard à Chambéry, etc.

De là à organiser une épreuve de patois au baccalauréat, il n'y a qu'un pas.

Peu d'ailleurs se risqueront à en profiter.

Mais je suis convaincu que ceux qui feront cet effort

trouveront dans le domaine artistique ou historique, plus d'avantages, par la suite, à s'être perfectionnés dans ce dialecte, sans doute familier, que d'avoir, pour décrocher le diplôme, appris à ânonner péniblement quelques bribes de russe ou d'espagnol, — langues qu'ils ne poursuivront pas, sitôt qu'ils seront sacrés bacheliers.

On ne favorisera jamais trop les dialectes savoureux des provinces de France. Ils ont tous une littérature qu'on ne connaît pas assez.

A Paris, le bon poète Alexandre Mercereau, dans son café artistique, célèbre, du *Caméléon*, où il attire, chaque soir, un public nombreux en des réunions littéraires extrêmement intéressantes et éclectiques, ne craint pas de donner, une fois par semaine, un festival de chants et de récitations de prose ou de poésie exclusivement régionaux.

Il commença par le Limousin et continua par la Charente et la Savoie.

Un autre poète, M. Jo Ginestou — (ce sont toujours les poètes qui ont ces initiatives) a donné aux *Sociétés Savantes*, une belle fête d'art, exclusivement consacrée à la littérature du Roussillon, avec chants en costumes et instruments de musique locaux.

Poursuivons cet effort. Rappelons-nous la place qu'en Belgique, les journaux et la littérature donnent au délicieux patois du pays wallon. Il a à Liège son théâtre, un des plus suivis.

Faire de ces vieilles langues provinciales, — conser-

vées intactes au cours des âges, dans leur simplicité pittoresque et leur couleur d'expressions, — quelque chose
d'officiel, dont pourront profiter ceux qui les aiment et
leur sont fidèles, est un joli geste, comme une juste répa-
ration.

M. PAUL SOUCHON

Mercure de France, Paris 15 Avril 1923

Il nous semble que si cette enquête prouve quelque
chose pour le provençal de Mistral, elle doit prouver
tout aussi bien pour les autres dialectes et pour les autres langues de France. Se limiter à la langue de Mistral, c'est s'aliéner des concours et des enthousiasmes
indispensables, faire renaître les querelles entre les divers dialectes d'oc, soulever l'opposition des Bretons,
des Flamands, des Basques et des Alsaciens. L'intérêt,
autant que la justice, demandent donc qu'on applique
largement et indistinctement, si on doit l'appliquer, la
mesure proposée.

Je souhaite, pour ma part, que la langue de Mistral
soit admise au baccalauréat, mais je pense que la signi-
fication régionaliste d'une telle réforme ne sera complète que le jour où elle s'étendra à tous les dialectes
d'oc et à toutes les langues de France et où elle s'ap-
puiera sur l'enseignement à *tous les degrés* de ces dialectes et de ces langues.

M. Paul Souchon a donné le même avis dans les trois articles du Provençal de Paris *(11 et 18 février et 4 mars 1923), où il a rendu compte de cette enquête.*

M. PAUL BERTHELOT

La Petite Gironde, 26 Février 1923

Les Méridionaux n'ont pas peur ! Dans la *Renaissance* de M. Henry Lapauze, le professeur de langue et de littérature provençales à la Faculté d'Aix-Marseille, M. Emile Ripert, a mené une enquête sur la question suivante : « Doit-on admettre la langue de Mistral au baccalauréat ? »

Naturellement, les parlementaires du Midi font bloc pour répondre que le provençal sera tout aussi bien à sa place au bachot que les langues mortes et vivantes. A ce compte, nous demandons les mêmes droits pour le basque, pour le patois béarnais et gascon, pour Meste Verdié que pour Mistral. Il ne s'agit pas ici de talent, mais de vocabulaire. Et Paris réclamera l'admission de l'argot, qui est une langue véritable, toujours en formation, et alimentant le dictionnaire de l'Académie de temps à autre.

4 Mars 1923

M. Emile Ripert est péniblement affecté, que nous

n'ayons pas appuyé avec enthousiasme sa proposition d'admettre la langue de Mistral aux examens du baccalauréat.

« Est-il possible, nous écrit M. Ripert, d'établir une comparaison entre votre Meste Verdié, si savoureux soit-il, et le génie homérique de notre, et je dirais aussi bien, de votre Mistral, puisqu'il a chanté pour toutes les terres d'oc, des Alpes aux Pyrénées ? Or, d'ailleurs, ce serait l'intérêt bien compris de Meste Verdié de laisser passer Mistral avant lui.

» En fait je remarque avec quelque tristesse que, presque seuls, les journaux parisiens me soutiennent dans mon enquête. Les journaux du Midi restent sceptiques, incrédules, sans foi et sans ardeur.

» Que nos confrères du Midi ne se plaignent plus alors de la « centralisation », de « la tyrannie parisienne » ; ce sont eux qui en sont les premiers artisans ! »

Nous sommes désolé d'avoir contristé M. Ripert, mais qu'il veuille bien considérer que notre opinion sur le fond de la question s'abrite derrière celle de MM. Bourciez et Camille Jullian, augures ne passant point pour des ennemis des langues méridionales. M. Camille Jullian est de Marseille. J'ai pour moi l'avis des brahmes, comme dit un savant dans le *Monde où l'on s'ennuie*. On peut sans doute en avoir un autre.

Quant au « bateau » de la décentralisation, nous sommes quelques-uns à nous refuser d'y monter à la légère. Quand la province sera prête à faire à ceux des siens qui en sont dignes dans tous les domaines, depuis le montreur de poupées jusqu'au professeur de Faculté, une situation morale et matérielle égale à celle qu'ils trouveraient à Paris, la décentralisation sera faite. Et tout le reste est littérature...

M. CH. BAUBY

La Tramontane, Perpignan, Avril 1923

LA LANGUE D'OC AU BACCALAURÉAT

Sans vouloir taxer M. Emile Ripert de chauvinisme ce qui au surplus n'est que la moitié d'un défaut — il faut bien constater qu'il a enlevé une grande partie de son intérêt à la question en la restreignant d'une façon un peu surprenante.

La langue d'Oc se compose de plusieurs dialectes qu'il serait peut-être assez malaisé de classer d'après leurs mérites et dont il serait en tout cas arbitraire de mépriser un seul.

Vouloir restreindre la réforme au provençal constituerait une sorte de brimade... En fait, la chose a donné lieu à des protestations.

M. Charles Brun, le doctrinaire et le bon pionnier du régionalisme, qui soutenait, il y a vingt-six ans, au Congrès des Sociétés Savantes, avec le regretté frère Savinien, la thèse de l'enseignement du français par les diales dialectes locaux, exprime assez longuement sa pensée dans sa réponse. Après avoir, une fois de plus, soutenu en cette occasion la thèse qui lui est chère, il est amené à faire ces remarques :

« Vous restreignez votre consultation à l'étude du provençal et à l'enseignement secondaire.

« ... Mais il y a, hors de Provence, de grands félibres et de grandes œuvres que le renom universel de Mistral ne doit pas nous cacher. Comme à sa belle époque la langue grecque, notre langue d'oc a ses dialectes, dont chacun possède des qualités particulières et une littérature ».

M. Emile Ripert élargit alors sa proposition par cette phrase d'une diplomatie assez subtile : « Les divers textes de langue d'oc, établis d'après les mêmes principes (mistraliens)... seront admis dans les mêmes conditions aux examens du baccalauréat, s'ils paraissent offrir les mêmes garanties littéraires et philologiques ».

In cauda venenum... mais ne chicanons pas pour si peu ; les garanties demandées ne sont pas de nature à embarrasser la défense d'un seul des dialectes d'Oc et voilà en somme de quoi satisfaire tout le monde... Remercions donc M. Emile Ripert de son excellente initiative et ne désespérons pas de voir admettre le catalan avec toutes les autres langues occitanes au baccalauréat.

M. ARMAND PRAVIEL
L'Alsace Française, 8 Juin 1923

Dans l'étude de cette question très délicate, qui a été encore, il n'y a pas bien longtemps, portée à la tribune du Parlement, il me semble qu'il y a des distinctions à faire entre les diverses langues régionales : on peut considérer d'abord la langue d'oc, issue du latin comme la langue d'oïl ; puis les langues parfaitement indépendantes comme le breton et le basque ; enfin, les dialectes qui se rattachent directement à des langues vivantes étrangères.

***
** **

Pour la langue d'oc, vraiment, sa proscription est aujourd'hui difficile à comprendre. Comme on l'a répondu souvent à l'enquête de la *Renaissance*, elle fait vraiment partie du patrimoine littéraire national.

La floraison de la poésie des troubadours, après la nuit du haut Moyen-Age est une des plus pures gloires de notre pays ; les deux langues d'oïl et d'oc sont sœurs, étant issues de la même origine ; malgré le triomphe progressif du français, les dialectes d'oc ont continué à être compris, parlés et même écrits dans la moitié de notre territoire, jusqu'au jour où, vers la fin du siècle dernier, Mistral et les félibres leur ont rendu un incomparable éclat. Celui qui néglige tout cela, néglige un des aspects les plus charmants du visage adorable de la patrie.

D'ailleurs, en se tenant plus humblement sur le terrain de l'instruction primaire, le frère Savinien a démontré toute sa vie les avantages de l'enseignement du français par le provençal. Au Congrès des langues romanes tenu à Montpellier en 1890, il expliquait fort bien que les enfants du Midi auxquels on interdit l'usage scolaire de la langue rustique ne parlent pas français pour cela ; ils inventent, au gré de leur fantaisie une sorte de petit nègre formé de termes provençaux, affublés de désinences septentrionales et reliés entre eux par une syntaxe mi-partie.

Nous ne pouvons entrer ici dans les détails techniques et pédagogiques de la doctrine, que l'on a nommée le *Savinianisme*, du nom de son inventeur. Disons seulement que partout où elle a été appliquée, elle a donné de très bons résultats. Les inspecteurs appelés à les apprécier ont reconnu que les élèves instruits d'après de tels principes fournissent des compositions où l'on trouve des qualités non seulement de forme, mais de fond, indiscutables : elles indiquent un travail de réflexion personnelle et originale qu'on ne rencontre pas au même degré chez les autres écoliers.

VI

Une Lettre

———

Enfin, je tiens à donner ici une lettre, qui m'a été adressée antérieurement à cette enquête et qui témoigne du désir tout spontané d'une jeune fille d'Avignon, de présenter au baccalauréat la langue provençale. Notons que le public d'Avignon ignore la proscription dont la langue provençale est l'objet, puisqu'on n'a pu affirmer à Mlle G... que la réalisation de son vœu était impossible.

« Avignon, le 8 Octobre 1922.

« Monsieur,

« Je vous prie d'excuser la démarche que je fais auprès de vous et d'avoir l'obligeance de me fixer sur le sujet qui me préoccupe.

« Je prépare le baccalauréat et mon intention serait de remplacer l'italien par notre belle langue provençale. Puis-je le faire ? Je n'ai pu me renseigner, ici, à Avignon.

« J'attends vos indications pour prendre une décision et j'espère qu'il n'y aura rien d'incompatible entre le programme du baccalauréat et le désir que je vous manifeste.

« Veuillez agréer, Monsieur, mes salutations distinguées.

Cécile G...

23, rue Théodore-Aubanel, Avignon.

VII

Dernières conclusions

Il me faut répondre en terminant à diverses objections, qui se sont exprimées dans la presse à la suite de l'enquête de la *Renaissance* et auxquelles, par conséquent, mes conclusions parues dans cette revue n'ont point eu l'occasion d'opposer des arguments.

Je repousse d'abord celle de M. Edouard Ramond, alléguant que Mistral, Aubanel et les poètes provençaux n'ont pas besoin de sanction officielle. Si Victor Hugo, Racine ou Molière ne figuraient pas dans les programmes universitaires, leurs œuvres serait probablement fort mal connues et c'est vouloir laisser la poésie provençale en dehors de la vie intellectuelle de la majorité des Provençaux eux-mêmes que de ne pas demander pour elle la sanction des manuels et des programmes universitaires. Il ne sert de rien de dire que la *Comtesse* mistralienne est plus touchante d'apparaître persécutée, sentiment qui fait honneur au cœur de celui qui l'exprime, mais qui est bien loin d'être celui de la majorité.

Ne comptons pas trop sur ce patriotisme sentimental de la Provence pour sauver la langue provençale, si elle continue à être privée de tout honneur officiel. Et que les œuvres de ses poètes apparaissent comme fastidieuses à quelques écoliers, cela n'a pas d'importance, si les meilleurs d'entre eux arrivent à les connaître et à les aimer. Le même raisonnement, que j'ai déjà relevé dans *La Renaissance*, vaudrait contre tous les grands écrivains de toutes les langues et ruinerait tout enseignement méthodique.

Je note sous la même plume de M. Edouard Ramond et plus encore sous celle de M. Jean Desthieux, un argument qui paraît plus impressionnant au premier abord : « Commencez, nous dit-on, par l'enseignement primaire où l'étude du provençal est plus indiquée »

A cela, je réponds : Si l'on n'avait pas commencé par l'enseignement supérieur, notre demande actuelle relative à l'enseignement secondaire serait impossible, car il n'y aurait point dans les Facultés des Lettres de représentants de la littérature provençale, capables d'examiner au baccalauréat les candidats qui présenteront cette option.

Je sais que la communication n'est point la même entre l'enseignement secondaire et l'enseignement primaire. Mais si ce n'est pas ici une question de rapports officiels, c'est du moins une question de prestige moral. Le jour où les instituteurs et leurs écoliers sauront que la langue de Mistral est admise au baccalauréat, ils auront pour elle un respect plus assuré et beaucoup oseront déjà s'en servir, avant qu'elle soit admise au programme du certificat d'études.

Il faut remarquer, en outre, que cette mesure comporterait des difficultés d'application beaucoup plus grandes que la simple admission du provençal au baccalauréat et qu'il est plus sage de commencer par la moindre difficulté.

Autre objection : la langue provençale n'offre aucune utilité pratique.

Ici, M. Jean Desthieux indique très opportunément les affinités du provençal avec les langues néo-latines, italien, catalan, espagnol, voire même roumain, et l'utilité qu'il y aurait à développer par la culture provençale le sens de l'union latine. C'est l'avenir même de la plus belle civilisation qu'il s'agit de servir de la sorte, s'il est vrai que la fédération des peuples latins en est le meilleur gage.

C'est donc là un moyen d'union internationale et nationale, au lieu d'un motif de division, comme on a voulu l'insinuer en parlant du flamingantisme et de l'Université de Gand. On ne saurait comparer l'état de la France, centralisée à l'excès et qui n'a rien à redouter de l'autonomie provinciale, à celui de la Belgique, dont l'unité, quelque peu artificielle, ne date pas d'un siècle. C'est à peu près comme si l'on disait qu'un homme ne doit pas boire de vin parce que le vin est nuisible au nourrisson.

Quant à assimiler, comme M. Berthelot, le provençal de Mistral à l'argot parisien, c'est une simple plaisanterie, sans autre portée, et que je ne m'attarderai pas à discuter.

J'en arrive donc à l'objection la plus souvent reproduite, à celle qui consiste à faire de la surenchère à ma proposition, à considérer ma demande comme insuffisante et à réclamer l'admission au baccalauréat de tous les dialectes de langue d'oc et de toutes les langues de France.

Ecartons d'abord celles-ci : idiomes flamand, basque, alsacien, celtique. Si respectables que soient leurs titres, et entre tous celui de la langue et de la littérature bretonnes, leur position pédagogique est loin d'être celle de la langue d'oc. Ce sont des langues totalement différentes du français et du latin, dialectes germaniques ou celtiques, ou langue toute spéciale comme le basque ; leur connaissance, sans être nuisible à un esprit cultivé, bien au contraire, n'a donc pas la même valeur pédagogique que la langue d'oc, qui se rattache à la langue latine et à la langue française, comme la fille à la mère et la sœur à la sœur. Cette langue d'oc offre un continuel répertoire de comparaisons utiles au point de vue linguistique et littéraire, Mistral s'expliquant par les poètes antiques et les expliquant, les Troubadours étant en relations intellectuelles avec les trouvères français. Loin de détourner de la culture classique, latine et française que l'on s'efforce de remettre en honneur, l'étude de la langue d'oc la compléterait donc à merveille

Le projet de décret qu'on a lu plus haut n'exclut pas, on l'a vu, les dialectes de langue d'oc, difféérents du provençal mistralien ; il confie le soin de les admettre aux Facultés compétentes, sous leur responsabilité ; celles-ci jugeront de l'état des textes, de la valeur des instruments pédagogiques mis à la portée des élèves et pourront, quand ils feront défaut, encourager des érudits à leur établissement.

Quant à la langue de Mistral, à son œuvre, à celle de ses disciples immédiats elle offre, sans nulle contestation possible, un objet d'enseignement immédiat. Les textes sont ici parfaitement établis, ainsi que les dictionnaires, grammaires et anthologies. Cette discipline offre autant de garanties que toute autre discipline admise aux épreuves du baccalauréat. Son application montrera les résultats qu'on peut en attendre ; s'ils sont satisfaisants, comme je l'espère, on sera d'autant plus encouragé à étendre la mesure à un nombre toujours plus grand de dialectes de la langue d'oc.

Cette première étape franchie, on examinera la question par rapport aux autres langues de France, dont je souhaite personnellement l'admission au baccalauréat, ne serait-ce que dans un sentiment de justice, de liberté et d'égalité entre toutes les régions de France.

Parmi ces langues de France, il ne faudra pas oublier le dialecte corse, qui peut se réclamer comme la langue d'oc de sa filiation latine, de sa parenté avec l'italien, enseigné dans les lycées, et de sa vitalité plus grande encore que celle des dialectes de langue d'oc. On pourrait cependant lui reprocher l'absence de textes, ayant une grande valeur littéraire et d'instruments commodes de travail. Mais je sais que des érudits et des poètes travaillent à combler cette double lacune, et on ne saurait nier qu'il y ait dans les chansons corses les éléments d'une étude très originale de la poésie populaire. La question pourrait être réservée à l'examen et à l'approbation de la Faculté des Lettres d'Aix, dont dépend au point de vue académique l'île de Corse. Et là, comme dans l'examen par les Facultés compétentes des divers dialectes de langue d'oc et en général des diverses langues de France, on pourrait trouver le principe d'une indépendance plus grande des Facultés vis-à-vis des programmes de baccalauréat et d'une spécialisation utile de ces Facultés, qui reprendraient ainsi une vie nouvelle.

De tels résultats une fois acquis, et sans attendre même qu'ils soient définitifs, on pourra s'occuper de l'utilisation de toutes les langues locales dans l'enseignement primaire. C'est une question différente de celle que je pose ici et qui n'est nullement liée à elle, je ne puis en examiner de façon suivie toutes les difficultés, dont aucune du reste ne me paraît insoluble. Je crois qu'il est sage pour l'instant de limiter ici ces revendications, pour être plus sûrs de les voir aboutir.

Mais élevons-les de façon digne et ferme. Ce qui m'a le plus attristé au cours de cette enquête, ce n'est point la réponse un peu sèche de tels de mes maîtres ou collègues, leur défiance à l'égard du provençal et sans doute des Provençaux, c'est l'indifférence et l'ironie d'un trop grand nombre de mes compatriotes. Chose triste à dire et que pourtant il faut dire : c'est en Provence, peut-être, que la question a été le moins sérieusement envisagée et le plus facilement tournée en dérision. Je sais qu'il faut faire la part de l'esprit de *galéjade*, et que les Provençaux se croient très avertis en souriant de tout. Mais j'avais espéré un appui plus décisif et plus unanime de la presse méridionale.

Puisse du moins cette presse et l'opinion qu'elle gouverne déterminer autour de ce petit volume, où les faits sont exposés avec une sécheresse voulue, et sans nulle déclamation, le mouvement, qui décidera les pouvoirs publics à donner aux populations méridionales cette satisfaction morale, dont ne peuvent sortir que des avantages pour la culture et pour la vie françaises, largement comprises. La République Française, qui a proclamé depuis plus d'un siècle l'admission de tous les citoyens aux emplois publics, se doit d'achever son œuvre en proclamant aujourd'hui l'admission de toutes ses langues aux examens publics, et pour commencer une élégante expérience se présente à elle, si elle veut bien témoigner sa sympathie à la langue et à l'œuvre d'un grand poète gallo-romain, donc français aussi bien que provençal, dont le génie est admiré de toutes les nations civilisées.

VIII

Pour la Langue d'Oc à l'École

Comme suite à l'enquête ci-dessus et aux discussions de la Chambre sur l'enseignement de la langue d'oc, s'est constitué un *Comité d'Action en faveur de la langue d'oc à l'école*, qui vient d'adresser la circulaire suivante aux membres de l'Enseignement :

Vous n'ignorez sans doute pas le succès unanime qu'ont obtenu au Parlement les discours et les interventions de MM. Inizan, Daudet, Reymonencq, de Magallon, Herriot, Vallat, Leygues, Raynaldy, Duclaux-Monteil, de Castelnau, Meritan, Brousse, Fribourg, en faveur de la *Littérature française en langue d'oc*, trop méconnue jusqu'à ce jour. (V. *Journal Officiel* des 27 juin, 9 juillet, 7, 8, 12 et 13 décembre 1922).

Une enquête menée par M. Emile Ripert, professeur de provençal à la Faculté des Lettres d'Aix, sur l'opportunité d'admettre au baccalauréat la langue du Midi, vient de recueillir l'approbation quasi unanime des littérateurs, des hommes politiques et des universitaires ayant donné leur avis.

M. le Ministre de l'Instuction publique, qui participe ouvertement au mouvement félibréen dans son pays de Béarn, a déclaré que le « problème est passionnant, mais de solution difficile » pour des raisons purement techniques.

Dans ces conditions, le principe de la *langue d'oc officielle* étant admis et reconnu, il nous appartient à nous, professeurs et instituteurs, de faciliter la tâche du pouvoir central, en lui préparant les voies vers l'organisation de l'enseignement bilingue dans nos régions.

C'est pourquoi vient de se constituer un *Comité d'action* comprenant les personnes dont vous trouverez ci-après les noms et qualités.

Il vous demande :

1° De ne jamais punir vos élèves pour avoir « parlé patois » à l'école ;

2° De ne pas leur inculquer le mépris de notre langue systématiquement dénigrée jusqu'ici par ordre de gouvernants mal avertis ; le jeune homme ainsi déformé se déracine de la terre natale, l'abandonne avec dégoût et vient s'engouffrer dans la capitale qui, déjà surpeuplée, n'a que faire de lui ;

3° De comparer le « patois » et le français dans l'enseignement de ce dernier, comme le recommandent plusieurs inspecteurs primaires en Gascogne et en Provence (Méthode savinienne) ; en faire autant pour les langues vivantes, lorsqu'il y a lieu ;

4° D'exposer à vos écoliers la *vérité* sur ce prétendu « patois » qui est, en réalité, la survivance plus ou moins pure de la *langue des Troubadours* (lesquels furent les maîtres de tous les écrivains du Moyen Age et de la Renaissance) et la langue que les *Félibres* ont rendue célèbre dans le monde entier. Nulle lumière ne doit être laissée sous le boisseau, sous aucun vain prétexte !

5° D'expliquer dans vos cours, à côté de la littérature en langue d'oïl (ou parisienne) celle de langue d'oc ou occitane (provençale, languedocienne, gasconne, limousine, auvergnate, catalane, etc.), comme on le fait déjà dans plusieurs établissements des Académies d'Aix, de Toulouse, de Bordeaux et de Clermont-Ferrand ;

6° De commenter, faire traduire et apprendre à vos élèves des morceaux des auteurs en notre langue, à commencer par ceux de votre terroir, de votre région ; puis, d'une façon générale, les plus célèbres d'entre tous, comme Goudouli, Cortète de Prades, Peyrot, Despourrins, Dastros, Navarrot, Salles, Jasmin, Roumanille, Mistral, Aubanel, F. Gras, Gelu, Roumieux, A. Marin, Bigot, Langlade, Mir, Fourès, Castela, Froment, Bessou, Vermenouze, Roux, Michalias, Jofre, Pépratx, Saisset, Verdaguer, Maragall, etc., pour ne citer que des morts, auxquels fait suite une glorieuse pléiade de vivants ;

7° D'adhérer à notre groupement qui vous fournira toute l'aide en son pouvoir et tous les renseignements désirables, recevra volontiers toutes vos suggestions et se propose de créer une revue spéciale pour le but que nous visons.

La Société des Amis de la langue d'oc, dont le félibre majoral Joseph Loubet dirige le Secrétariat, 227, boulevard Saint-Germain, prend à son compte les frais de propagande. Par conséquent, nous ne demandons que votre bonne volonté.

Nous comptons sur vous parce que vous aimez le pays natal, dont vous voulez enrayer la dépopulation et la ruine en y enracinant les jeunes générations.

Croyez à nos bons sentiments et envoyez votre adhésion à M. JEAN BONNAFOUS, professeur adjoint au lycée Henri-IV, rue Clovis, Paris (5ᵉ).

COMITÉ D'ACTION EN FAVEUR DE LA LANGUE D'OC

A L'ÉCOLE

A. — SECTION UNIVERSITAIRE

1° *Enseignement supérieur.* — MM. J. Anglade, professeur à la Faculté des Lettres de Toulouse, félibre majoral ; J. Barthélemy, professeur à la Faculté de Droit de Paris, député du Gers ; Docteur P. Bazy, de l'Institut et de l'Académie de Médecine ; E. Bourciez, professeur à la Faculté des Lettres de Bordeaux ; A. Boutaric, professeur de la Faculté des Sciences de Dijon ; J. Charles-Brun, professeur à Saint-Louis et au Collège des Sciences Sociales de Paris, majoral ; L. Clédat, doyen honoraire de la Faculté des Lettres de Lyon ; G. Desdevizes du Dézert, professeur de la Faculté des Lettres de Clermont-Ferrand ; Docteur Ch. Faure, chargé de cours à la Faculté de Médecine de Toulouse ; G. Fauré, de l'Institut et de l'Académie des Beaux-Arts ; J. Gal, inspecteur général de l'instruction publique ; A. Jeanroy, de l'Institut, professeur de la Faculté des Lettres de la Sorbonne, à Paris ; G. Millardet, professeur de la Faculté des Lettres de Montpellier ; P. de Nolhac, de l'Académie Française ; E. Ripert, professeur de la Faculté des Lettres d'Aix-Marseille ; P. Sabatier, de l'Institut, doyen de la Faculté des Sciences de Toulouse ; Docteur C. Soula, professeur de la Faculté de Médecine de Toulouse ; Docteur G. Tourneux, préparateur de la Faculté de Médecine de Toulouse.

2° *Enseignement secondaire.* — MM. P. Arrighi, professeur agrégé au lycée de Bourg ; G. Aubin, professeur au lycée de Digne ; J. Baradat, professeur au collège de Tanger ; G. Bernard, professeur au lycée d'Alger ; J. Bonnafous, professeur-adjoint au lycée Henri-IV, à Paris, secrétaire du Comité ; G. Bregail, professeur agrégé au lycée d'Auch, conseiller municipal ; J. Bouzet, professeur agrégé au lycée de Bayonne ; A. Cambos, professeur au collège de Bergerac ; A. Dagan, professeur honoraire, à Mireval (Hérault) ; A. Danoy, professeur honoraire à Saint-Laurent (Pyrénées-Orientales) ; A. Dauphin, professeur agrégé au lycée de Nîmes ; P. Delsériès, professeur adjoint au lycée Saint-Louis, à Paris; A. Durand, professeur adjoint au lycée de Marseille ; G. Estève, répétiteur au collège de Montélimar, du bureau de la Fédération Nationale des répétiteurs; C. Gandilhon Gens d'armes, ex-professeur de lycée, secrétaire-traducteur du Conseil municipal de Paris ; M. Jouveau, professeur adjoint au lycée d'Aix, capoulié du Félibrige ; Ch. Julian, principal au collège de Carpentras; J. Lacoste, candidat à l'agrégation de philosophie, à Paris; J. Ladoux, professeur du collège de Béziers, vice-syndic mainten. de Languedoc ; L.-A. Layé, professeur agrégé au lycée d'Aurillac; F. Mistral neveu, chargé de cours au lycée d'Avignon ; J. Nouillac, professeur agrégé au lycée Pasteur, de Neuilly, directeur de « Lemouzi » ; F. Rigal, professeur adjoint au lycée de Montauban, premier adjoint au maire, capiscol de l'Escolo carsinolo ; B. Sarrieu, professseur agrégé au lycée de Montauban ; F. Soubranne, professeur adjoint au lycée de Tulle ; Mlle M. E. Trautwein, professeur de cours secondaires de jeunes filles d'Arles.

3° *Enseignement primaire.* — MM. J. Brémond, inspecteur primaire à Alais, capiscol de la Tabò ; J. Hustach, inspecteur primaire à Périgueux ; Roubiès, inspecteur primaire à Auillac ; Abadie, instituteur à Sombrun (Basses-Pyrénées) ; A. Arnaut, instituteur à Béziers ; Ballentine, instituteur à Dognen (Basses-Pyrénées) ; G. Batfolier, instituteur à Saint-Pantaléon (Corrèze) ; A. Baudorre, instituteur à Saint-Jean-de-Poudge (Basses-Pyrénées), vice-président de l'Escolo Gaston Febus ; M. Besseau, instituteur à l'Ecole normale de Tulle ; J. Bœuf, professeur à l'Ecole primaire supérieure d'Avignon ; Mme O. Coultet, institutrice à Doazon (Basses-Pyrénées) ; L. Deshostal, directeur de l'Ecole de Thiézac (Cantal), sous-capiscol de l'Escolo Oubernhato, lauréat des Jeux Floraux; Ch. Dillange, instituteur à Argentat (Corrèze) ; Dommergues, instituteur, cours complémentaire, à Aurillac; P. Estieu, instituteur à Raissac (Aude), majoral, membre de l'Académie des Jeux Floraux ; Evt, instituteur chargé de cours à l'Ecole normale de Pau et Lescar ; C. Fabre, ex-directeur de l'Ecole normale, ex-syndic, mainten. de Velay, conservateur de la Bibliothèque du Puy ; M. R. Fabre, directeur de l'Ecole primaire supérieure de Marseille, sous-capiscol de Prouvenço ; Felines, professeur à l'Ecole primaire supérieure d'Avignon ; R. Fournier, directeur de l'Ecole de Béziers, majoral ; M. Genès, instituteur à Brignac (Corrèze) ; V.- L. Jourdan, instituteur à Villecroze (Var) ; Lafonta, directeur de l'Ecole d'Orthez ; J.-V. Lalanne, ex-instituteur, président honoraire, Escolo G. Febus, majoral ; M. Lignières, directeur de l'Ecole de Montpellier, président L. P., instituteurs de l'Hérault ; Loussalez-Artets, instituteur à Arthez-d'Asson (Basses-Pyrénées) ; Lucciardi, directeur de l'Ecole de Santo-Pietro-di-Tenda (Corse), lauréat des Jeux Floraux ; H. Mouly, instituteur à Compolibat (Aveyron), lauréat des Jeux Floraux ; L. Pastre, instituteur à Perpignan, vice-président de la Société des Etudes Catalanes ; A. Perbosc, ex-instituteur, bibliothécaire, Montauban, majoral ; F. Ramasse, instituteur à Marseille ; P. Reynier, instituteur à Toulon, secrétaire de l'Escolo de La Targo; A. Schmitt, instituteur à Mayran (Aveyron) ; Mlle L. Texain, institutrice à Le Lonzac (Corrèze) ; Tichier, directeur d'école à Oloron; J. Toulza, instituteur à Escales (Aude) ; Tucat, instituteur à Espoey, chargé de conférence à l'Ecole normale de Pau et Lescar ; F. Vailhen, directeur d'école à Marseille.

B. — SECTION DE L'ENSEIGNEMENT LIBRE

MM. l'Abbé H. Brémond, de l'Académie Française ; Abbé J. Aurouze, aumônier au lycée d'Avignon ; Abbé J.-B. Cubaynes, à l'école théologique de Cahors, lauréat des Jeux Floraux ; A. Chabaud, Ecole constantinienne d'Arles ; Chanoine P. Chaix, secrétaire général de l'Evêché de Fréjus, grand prix des

Jeux Floraux ; Abbé A. Daguzan, ex-professeur au collège de Nay (Basses-Pyrénées) ; Ch. Duris, ex-directeur, institution Turgot, Limoges ; J. Flamme, professeur au collège de Juilly, lauréat des Jeux Floraux ; A. Lafon, professeur, institution Saint-Eugène, à Aurillac ; Abbé Mounail, professeur à l'Ecole de Notre-Dame de Betharram (Basses-Pyrénées) ; Chanoine L. Pepin, aumônier du lycée d'Aix ; Ch. Ratier, de la Société Académique d'Agen, majoral ; P. Roustan, professeur à l'école Fléchier, à Alais, majoral ; Abbé Sarran, directeur du collège Salinis à Auch ; J. Vincent, professeur à l'Ecole normale libre de Jeunes Filles, à Paris.

IX

Une dernière voix...

Au moment où le Parlement a décidé le transfert des cendres de Jaurès au Panthéon, il est opportun de reproduire ici les déclarations du grand orateur populaire. Elles suffiront à indiquer comment la cause des dialectes du Midi ne sauraient être liées à nulle opinion politique, puisqu'elles coïncident parfaitement avec celles de M. Léon Daudet, ainsi qu'avec celles de tous les représentants actuels des régions du Midi :

« ... Mais je disais, avec une force de conviction qui ne fait que s'accroître, que ce mouvement du génie méridional pouvait être utilisé pour la culture des peuples du Midi. Pourquoi ne pas profiter de ce que la plupart des enfants de nos écoles connaissent et parlent encore ce qu'on appelle d'un nom grossier « le patois » ? Ce ne serait pas négliger le français: ce serait le mieux apprendre, au contraire, que de le comparer familièrement dans son vocabulaire, dans sa syntaxe, dans ses moyens d'expression, avec le languedocien et le provençal. Ce serait, pour le peuple de France du Midi, le sujet de l'étude linguistique la plus vivante, la plus familière. la plus féconde pour l'esprit. Par là serait exercée cette faculté de comparaison et de discernement, cette habitude de saisir entre deux objets voisins les ressemblances et les différences, qui est le fond même de l'intelligence. Par là aussi, le peuple de notre France méridionale connaîtrait un sentiment plus direct, plus intime, plus profond de nos origines latines.

Mais sans apprendre le latin, il serait conduit, par la comparaison systématique du français et du languedocien ou du provençal, à entrevoir, à reconnaître le fonds commun de latinité d'où émanèrent le dialecte du Nord et le dialecte du Midi. Des siècles d'histoire s'éclaireraient en lui et, penché sur cet abîme, il entendrait le murmure lointain des sources profondes Et tout ce qui donne de la profondeur à la vie est un grand bien.

Ainsi le sens du mystère qui est pour une grande part le sens de la poésie, s'éveille dans l'âme. Et elle reçoit une double et grandiose leçon de tradition et de révolution, puisqu'elle a, dans cette chose si prodigieuse et si familière à la fois qu'est le langage, la révélation que tout subsiste et que tout se transforme. Le parler de Rome a disparu, mais il demeure jusque dans le patois de nos paysans comme si leurs pauvres chaumières étaient bâties avec les pierres des palais romains.

Du même coup, ce qu'on appelle « le patois », est relevé et comme magnifié. Il serait facile aux éducateurs, aux maîtres de nos écoles de montrer comment aux XII° et XIII° siècles le dialecte du Midi était un noble langage de courtoisie, de poésie et d'art ; comment il a perdu le gouvernement des esprits par la primauté politique de la France du Nord, mais que de merveilleuses ressources subsistent en lui ! Il est un des rameaux de cet arbre magnifique qui couvre de ses feuilles bruissantes l'Europe du soleil, l'Italie, l'Espagne, le Portugal. Quiconque connaîtrait bien notre languedocien et serait averti par quelques exemples des particularités phonétiques qui le distinguent de l'italien, de l'espagnol, du catalan, du portugais, serait en état d'apprendre très vite une de ces langues. Et même si on ne les apprend pas, en effet, c'est un agrandissement d'horizon de sentir cette fraternité du langage avec les peuples latins. Elle est bien plus visible et sensible dans nos dialectes du Midi que dans la langue française qui est une sœur aussi pour les autres langues latines, mais une sœur « qui a fait le voyage de Paris ». L'Italie, l'Espagne, le Portugal, s'animent pour de plus hauts destins, pour de magnifiques conquêtes de civilisation et de liberté. Quelle joie et quelle force pour notre France du Midi si, par une connaissance plus rationnelle et plus réfléchie de sa propre langue et par quelques comparaisons très simples avec le français d'une part, avec l'italien, l'espagnol et le portugais d'autre part, elle sentait jusque dans son organisme la solidarité profonde de sa vie avec toute la civilisation latine ! Dans les quelques jours que j'ai passés à Lisbonne, il m'a semblé plus d'une fois, à entendre dans les rues les vifs propos, les joyeux appels du peuple, à lire les enseignes des boutiques, que je me promenais dans Toulouse, mais dans une Toulouse qui serait restée une capitale, qui n'aurait pas subi, dans sa langue, une déchéance historique et qui aurait gardé sur le fronton de ses édifices, comme à la devanture de ses plus modestes boutiques, aux plus glorieuses comme aux plus humbles enseignes, ses mots d'autrefois, populaires et royaux.

De se sentir en communication avec la beauté classique par les œuvres de ses poètes, de se sentir en communication par sa substance même avec les plus nobles langages des peuples latins, le langage de la France méridionale recevra un renouveau de fierté et de vie. Notre languedocien et notre provençal ne sont guère plus que des baies désertées, où ne passe plus le grand commerce du monde ; mais elles s'ouvrent sur la grande mer des langues et des races latines, sur cette « seigneurie-bleue » dont parle le grand poète du Portugal.

Il faut apprendre aux enfants la facilité des passages et leur montrer, par delà la barre un peu ensablée, toute l'ouverture de l'horizon.

J'aimerais bien que les instituteurs, dans leur Congrès, mettent la question à l'étude.

C'est de Lisbonne que j'écris ces lignes au moment de

partir pour un assez lointain voyage, où je retrouverai d'ailleurs, de l'autre côté de l'Atlantique, le génie latin en plein épanouissement. C'est de la pointe de l'Europe latine que j'envoie à notre France du Midi cette pensée filiale, cet acte de foi en l'avenir, ce vœu de l'enrichissement de la France totale par une meilleure mise en œuvre des richesses du Midi latin. »

Jean JAURÈS.

A de telles paroles, qui résument harmonieusement tout le problème posé dans ces pages, il serait difficile d'ajouter des considérations désormais superflues. Jean Jaurès, saluant l'œuvre de Frédéric Mistral, c'est l'adhésion de tout le peuple du Midi à l'œuvre félibréenne.

X

... ET UNE CONVERSION.

*En prenant place à l'Académie Française, le 13
novembre 1924, M. Camille Jullian y a prononcé
l'éloge de son prédécesseur Jean Aicard; cet éloge n'est
point allé sans restrictions. M. Camille Jullian ne pouvait
admettre, en grand historien qu'il est, la condamnation
sans appel de la langue provençale et, revenant sur les
déclarations qu'il nous avait faites il y a deux ans, il les
a corrigées en ces termes excellents :*

Mais de cette terre, je ne veux pas, comme le souhai-
tait Jean Aicard, que l'on retranche le parler populaire,
les dialectes provinciaux. Vous appelez le provençal un
« patois » : le vilain mot, et combien inexact ! Le patois, c'est la déformation locale d'une langue détermi-
née, c'est une excroissance à demi fantaisiste qui pousse
sur une plante linguistique : le parler de Montmartre est
en train de devenir le patois de Paris (j'ajoute aussitôt
qu'il est plein d'agréments, pour ne pas attirer sur la
Coupole de l'Institut les foudres des Jupiters de la But-

te). Mais le provençal est une langue qui a par elle-même ses racines et ses rameaux, sa sève propre et son libre épanouissement. Il est né, il a grandi à part, sur un terrain qui était bien à lui.

Vous me dites qu'il va mourir. A quels signes, je vous prie, reconnaissez-vous qu'une langue se meurt ? Il y a pour les langues, comme pour les nations et pour les croyances, des crises de fatigue et de déclin. Mais nous venons de voir ressusciter des nations qu'on disait mortes, mais des croyances qui se perdaient se sont retrouvées, et des langages qu'on croyait endormis ont proclamé leur gloire. De l'avenir d'un idiome, pas plus que de celui d'une foi ou d'une patrie, personne ne sait rien, et la science n'a qu'à se taire sur la loi du lendemain. Au siècle passé, on s'imagina que le catalan allait dépérir : et voici que maintenant, coup sur coup, il produit un très grand poète et des œuvres scientifiques de premier ordre.

Le félibrige et Mistral, dites-vous encore, ont fait une œuvre factice, de résurrection artificielle : ce furent procédés de savants qui galvanisent un moribond, ce ne fut pas un malade qui se relève par ses propres forces.

A coup sûr, nous n'ignorons pas que l'école et la science sont à l'aube du renouveau provençal. Faire de Mistral un paysan est une absurdité. C'était un érudit, et de très large envergure. Son *Trésor du félibrige*, par certains côtés, vaut et passe même le *Dictionnaire* de Littré. Il a pourvu la langue provençale de termes littéraires qui lui manquaient. Mais est-ce que la Pléiade, ce félibrige

français de la grande Renaissance, n'a point fait cela
pour notre langue nationale ? Est-ce que Turold n'a
point fait cela pour cette même langue aux heures de son
enfance ? Et l'expression favorite de sa *Chanson de
Roland*, ce mot de « douce France » qui est peut-être
le mot le plus simplement ému de toute notre langue,
n'est-il pas à son origne la réminiscence d'une expression
du latin classique ?

Regardez donc le lendemain de Font-Ségugne et de
Mirèio : c'est au lendemain de la bataille qu'on voit si
la victoire est complète. Or, de proche en proche, le félibrige a gagné tout le Midi. Il a pénétré les vallées les
plus agrestes des Alpes et des Pyrénées, il a gravi les
plateaux du Limousin et les puys de l'Auvergne. Partout on a chanté son hymne de la *Coupo santo*, et à
l'instant où je vous parle de bons ouvrages surgissent çà
et là en terre de langue d'Oc. Jamais les félibres du premier matin n'auraient espéré une telle gloire pour la
montée de leur jour. A la réussite de l'œuvre, je constate qu'elle était bonne.

Faire mourir une langue ! mais c'est pécher contre la
vie sociale. Une langue nous apporte les idées et les sentiments de nos ancêtres, elle nous conserve les nôtres, elle
les répète aux êtres qui viennent de nous. Elle est le lien
moral par lequel le crépuscule de la journée humaine qui
finit se rattache à l'aurore de celle qui commence. Quand
j'entends du provençal, je revois des visages qui me furent chers, et le jardin même de mes premiers jeux. Il y

a dans un langage des senteurs du terroir natal et des nuances de ses paysages. Nous tous qui voulons que le Français revienne au labour de son champ et à la pierre d'un foyer rural, ne touchons pas aux dialectes de nos provinces : ils sont sacrés, comme toutes les parcelles du sol de la patrie.

Ce sont « monuments historiques » au même titre que nos châteaux ou nos beffrois. Conservons-les avec le même souci. Une ville que j'aime autant que Marseille, Bordeaux, possède le beffroi de son vieil hôtel de ville, la porte de la Grosse-Cloche, et elle l'entoure de respect et de soins : car c'est une ville admirable en sa reconnaissance pour son passé, et cette Grosse Cloche a été pendant des siècles le porte-parole des libertés municipales, elle convoquait les citoyens de la commune à la fête ou au combat, au deuil ou à l'allégresse, elle était la voix même de cette personne souveraine qu'on nommait la cité de Bordeaux. Je voudrais que Bordeaux cultivât du même amour son idiome gascon. C'est la langue que parla la Grosse Cloche en l'âge de sa maîtrise. Et c'est une si belle langue ! J'en appelle à M. Bourciez, qui l'enseigne à l'Université ; et j'en appelle aussi au Béarnais et au Gascon que je vois en votre Compagnie. Elle a des sonorités de clairon, des douceurs de berceuse, des mots qui lui suffisent à résumer une scène ou à peindre un tableau, elle est solide, elle est claire, elle est rapide. Et le jour où elle rencontrera son Mistral, elle pourra nous offrir des chefs-d'œuvre. Ne brisons pas les destinées du gascon.

Je sais bien ce dont avait peur Jean Aicard, Français par-dessus tout. C'est que la vogue de nos idiomes provinciaux ne compromit notre unité nationale. Ne partageons point cette crainte. Ni le breton, ni le gascon, ni le provençal n'ont empêché que la France fût acclamée par la Bretagne de la reine Anne, par le Béarn du roi Henri, par la Provence du roi René. Notre union en patrie tient à des causes telles qu'il n'y a pas à s'effrayer si elle s'énonce en manières différentes. J'ai appris de source certaine que quelques-uns de nos plus vaillants officiers sont de ceux qui parlent le plus volontiers l'*eskuara* du pays basque. Ce fut pour le Breton un appel au sacrifice que d'entendre parler breton sur les champs de bataille de l'Argonne. Et de s'interpeller en provençal sur les pentes du Vieil-Armand, ce fut pour les Provençaux un motif de plus de courage et de plus de confiance. A tous il parut que la voix de l'aïeul et la voix de la terre s'unissaient à celle de la France pour repousser l'ennemi.

Non, je n'ai point peur que l'amour du provençal diminue l'énergie de la nation. Ce que je vois, au contraire, au lendemain de Font-Ségugne, c'est que les félibres nous ont fait aimer des choses de Provence, qui sont choses de France, c'est que Mistral a écrit un chef-d'œuvre qui a porté très loin le renom d'un Français. Et pour avoir doté notre patrie de nouveaux titres de gloire, l'Académie française doit au provençal une reconnaissance infinie.

Camille JULLIAN.

TABLE DES MATIÈRES

Table des Matières

Achevé

d'imprimer

par MISTRAL

le dix septembre mil

neuf-cent vingt-cinq

pour la Revue

LE FEU

Extrait du Catalogue des Éditions du « FEU »

LIVRES SCOLAIRES

Grammaire Provençale, par Bruno DURAND, Archiviste Paléographe. 1 vol. cartonné .... 4 fr. 50

Textes provençaux annotés, précédés d'une petite histoire de la littérature provençale et suivis d'un lexique, par Bruno DURAND, Archiviste paléographe. 1 vol. cartonné .... 6 fr. 50

Abrégé d'Histoire de Provence, par Marie TAY, 1 vol. cartonné .... 6 fr. 50

Le Vocabulaire Latin par les Textes, par DREZEL et BOCOGNANO, 1 vol. cartonné .... 10 fr. »